CONCOURS AGENT DE MAÎTRISE TERRITORIAL

600 QUESTIONS RÉPONSES

NICOLAS MARLET

Édition : BoD · Books on Demand, 31 avenue Saint-Rémy, 57600 Forbach, bod@bod.fr
Impression : Libri Plureos GmbH, Friedensallee 273, 22763 Hambourg (Allemagne)

ISBN : 978-2-3228-3641-3

Dépôt légal : Juillet 2026

Table des matières

INTRODUCTION

Réussir le concours d'agent de maîtrise territorial est un objectif ambitieux qui nécessite une préparation méthodique, régulière et parfaitement adaptée aux spécificités de ce concours.
Dans un contexte où la concurrence est de plus en plus importante, il est essentiel de se distinguer par une solide maîtrise technique, une bonne connaissance du fonctionnement des collectivités territoriales et une compréhension précise des épreuves.

Spécialiste de la préparation aux concours de la fonction publique territoriale, j'ai accompagné de nombreux candidats vers la réussite en leur fournissant des outils concrets et efficaces, spécifiquement conçus pour répondre aux exigences de ce concours. Fort de cette expérience, j'ai élaboré cet ouvrage comme un guide pratique complet, structuré autour de **600 questions-réponses** couvrant l'ensemble des domaines incontournables.

Ce livre a pour objectif de vous aider à :

- Évaluer et consolider vos connaissances techniques (bâtiment, voirie, réseaux, hygiène et sécurité, gestion d'équipe) et administratives.
- Comprendre le rôle et les missions d'un agent de maîtrise territorial, ainsi que les attentes du jury.

- Maîtriser les méthodes, les réflexes et l'organisation nécessaires pour réussir les épreuves écrites comme orales.

Que vous soyez au tout début de votre préparation ou dans la phase finale avant l'examen, cet ouvrage sera un allié précieux pour progresser efficacement, renforcer votre confiance et maximiser vos chances de réussite.

Prêt à relever le défi ? Alors, commençons !

Je suis Nicolas Marlet, titulaire d'un Master en administration publique, formateur au CNFPT et intervenant régulier dans les jurys des concours de la fonction publique territoriale.

Mon parcours m'a permis d'acquérir une solide connaissance des attentes institutionnelles, des épreuves écrites et orales, ainsi que des compétences attendues chez les candidats. À travers mon activité de formateur, j'accompagne des agents, des candidats et des professionnels dans leur préparation aux concours et examens de la fonction publique territoriale.

INTERNATIONAL

1. Qu'est-ce que l'ONU ?

L'Organisation des Nations unies (ONU) est une organisation internationale créée le 24 octobre 1945, après la Seconde Guerre mondiale, pour maintenir la paix et la sécurité dans le monde. Elle regroupe aujourd'hui 193 États membres. Sa création a été rendue possible grâce à la Charte des Nations unies signée le 26 juin 1945 par 51 pays. L'ONU agit dans de nombreux domaines : maintien de la paix, aide humanitaire, protection des droits de l'homme, lutte contre le changement climatique, développement durable. Elle succède à la Société des Nations, jugée inefficace. Son siège est situé à New York.

2. Qu'est-ce que l'OTAN ?

L'Organisation du traité de l'Atlantique Nord (OTAN), ou Alliance atlantique, est une alliance politico-militaire créée le 4 avril 1949. Elle a été fondée pour assurer la défense collective des pays membres face à toute agression, notamment dans le contexte de la guerre froide. Aujourd'hui, l'OTAN compte 32 pays (avec l'adhésion récente de la Finlande et de la Suède en 2023). Son quartier général se trouve à Bruxelles. Elle intervient également dans les domaines de la lutte contre le terrorisme, la cyberdéfense et les opérations humanitaires.

3. Qu'est-ce que l'OMS ?

L'Organisation mondiale de la santé (OMS) est une agence spécialisée de l'ONU créée en 1948. Elle est chargée de coordonner la politique mondiale de santé publique, de lutter contre les pandémies, de soutenir la recherche médicale et d'aider les pays à renforcer leurs systèmes de santé. L'OMS joue un rôle central lors des crises sanitaires (COVID-19, Ebola, etc.). Son siège est situé à Genève, en Suisse. Elle collabore avec les États, les ONG et les instituts de recherche pour améliorer la santé mondiale.

4. Qu'est-ce que l'UNESCO ?

L'Organisation des Nations unies pour l'éducation, la science et la culture (UNESCO) a été créée le 16 novembre 1945. Elle regroupe 195 États membres et 8 membres associés. Son rôle est de promouvoir l'éducation pour tous, protéger le patrimoine culturel mondial (comme les sites classés au patrimoine de l'humanité), encourager la coopération scientifique et défendre la liberté d'expression. Son siège est à Paris, et elle possède plus de 50 bureaux à travers le monde.

5. Qu'est-ce que l'UNICEF ?

Le Fonds des Nations unies pour l'enfance (UNICEF) a été créé en 1946 pour venir en aide aux enfants victimes de la Seconde Guerre mondiale. Aujourd'hui, il agit dans plus de 190 pays pour protéger les droits des enfants, lutter contre la malnutrition, améliorer l'accès à l'éducation et soigner les enfants dans les zones de crise. L'UNICEF finance également des programmes de vaccination et de prévention sanitaire.

6. Qu'est-ce que la CPI ?

La Cour pénale internationale (CPI), installée à La Haye (Pays-Bas), a été créée en 2002 par le Statut de Rome. Elle enquête et juge les personnes accusées de crimes graves : génocide, crimes de guerre, crimes contre l'humanité et crimes d'agression. La CPI agit lorsque les juridictions nationales ne peuvent ou ne veulent pas poursuivre les auteurs de ces crimes. Elle joue un rôle essentiel dans la lutte contre l'impunité au niveau international.

7. Qu'est-ce que l'OMC ?

L'Organisation mondiale du commerce (OMC), créée en 1995, est une organisation internationale qui fixe les règles du commerce entre les pays. Elle succède au GATT (Accord général sur les tarifs douaniers et le commerce). L'OMC favorise la libéralisation des échanges commerciaux, résout les différends commerciaux et organise des négociations pour réduire les barrières douanières. Elle compte 164 membres et son siège se trouve à Genève.

8. Qu'est-ce que l'OIT ?

L'Organisation internationale du travail (OIT), créée en 1919, est une institution spécialisée de l'ONU. Elle rassemble les gouvernements, les employeurs et les travailleurs dans un cadre tripartite pour promouvoir les droits au travail, améliorer les conditions de travail et développer la protection sociale. Elle élabore également des normes internationales pour lutter contre l'exploitation et promouvoir un travail décent pour tous.

9. Qu'est-ce que le FMI ?

Le Fonds monétaire international (FMI) a été créé en 1944 à Bretton Woods et compte 190 pays membres. Il vise à stabiliser le système monétaire international, soutenir les pays en difficulté financière, promouvoir la coopération économique mondiale et lutter contre la pauvreté. Le FMI accorde des prêts aux États en crise et les aide à mettre en œuvre des réformes économiques.

10. Qu'est-ce que l'OPEP ?

L'Organisation des pays exportateurs de pétrole (OPEP) a été créée en 1960. Elle regroupe 13 pays producteurs de pétrole qui coordonnent leurs politiques pour contrôler la production, réguler les prix et défendre leurs intérêts face aux grandes compagnies pétrolières. Son siège est situé à Vienne, en Autriche.

11. Qu'est-ce que l'AIEA ?

L'Agence internationale de l'énergie atomique (AIEA), créée en 1957, est une organisation internationale sous l'égide de l'ONU. Elle surveille l'utilisation pacifique de l'énergie nucléaire, empêche la prolifération des armes nucléaires et soutient les recherches dans le domaine nucléaire. Elle rend un rapport annuel à l'Assemblée générale des Nations unies. Son siège est à Vienne.

12. Qu'est-ce que l'OCDE ?

L'Organisation de coopération et de développement économiques (OCDE), fondée en 1961, regroupe 38 pays. Elle réalise des études économiques, promeut les échanges et fournit des recommandations politiques pour soutenir la croissance, l'emploi et le commerce international. Son siège est à Paris.

13. Qu'est-ce que l'AIE ?

L'Agence internationale de l'énergie (AIE), créée en 1974 au sein de l'OCDE, est basée à Paris. Elle conseille les pays sur les politiques énergétiques, surveille les marchés mondiaux de l'énergie et développe des stratégies pour favoriser la transition énergétique et la sécurité énergétique mondiale.

14. Qu'est-ce que l'ESA ?

L'Agence spatiale européenne (ESA) est une organisation intergouvernementale créée en 1975. Elle coordonne les programmes spatiaux de 22 pays européens, développe des satellites, participe à l'exploration spatiale et collabore avec d'autres agences comme la NASA. Son siège est situé à Paris.

15. Qu'est-ce que le CERN ?

Le CERN (Organisation européenne pour la recherche nucléaire), fondé en 1954, est le plus grand laboratoire mondial de physique des particules. Situé près de Genève, il abrite le Grand collisionneur de hadrons (LHC), un accélérateur de particules qui permet de faire avancer la recherche fondamentale sur la matière et l'univers.

16. Qu'est-ce que l'ALENA ?

L'Accord de libre-échange nord-américain (ALENA) est un traité signé en 1994 entre les États-Unis, le Canada et le Mexique, visant à créer une vaste zone de libre-échange. En 2020, il a été remplacé par l'Accord Canada–États-Unis–Mexique (ACEUM), qui modernise les règles commerciales entre les trois pays.

17. Qu'est-ce que l'AECG ou CETA ?

L'Accord économique et commercial global (AECG ou CETA) est un traité signé en 2013 entre l'Union européenne et le Canada, appliqué provisoirement depuis 2017. Il supprime la plupart des droits de douane, facilite les échanges et renforce les partenariats économiques entre les deux parties.

18. Qu'est-ce que l'ASEAN ?

L'Association des nations de l'Asie du Sud-Est (ASEAN), créée en 1967, regroupe 10 pays. Elle a pour mission de renforcer la coopération économique, politique et culturelle dans la région et de défendre les intérêts communs de ses membres sur la scène internationale.

19. Qu'est-ce que les BRICS ?

Les BRICS sont un groupe de cinq pays : Brésil, Russie, Inde, Chine et Afrique du Sud. Ces économies émergentes représentent une part importante de la population mondiale et un poids économique croissant. En 2024, le groupe s'est élargi à d'autres pays, renforçant son influence mondiale.

20. Qu'est-ce que le G7 ?

Le Groupe des sept (G7) réunit l'Allemagne, le Canada, les États-Unis, la France, l'Italie, le Japon et le Royaume-Uni. Créé dans les années 1970, il sert de forum de coopération économique, politique et stratégique entre les principales puissances industrialisées.

21. Qu'est-ce que le G20 ?

Le Groupe des vingt (G20), créé en 1999, rassemble 19 grandes économies et l'Union européenne. Il représente environ 80 % du PIB mondial et 75 % du commerce international. Le G20 se réunit chaque année pour coordonner les politiques économiques et répondre aux crises mondiales.

22. Quelle conférence marque le début de la guerre froide (1945)

La conférence de Yalta (février 1945), où les Alliés ont redessiné la carte de l'Europe après la Seconde Guerre mondiale.

23. Quel événement marque la fin de la guerre froide (1991) ?

L'effondrement de l'Union soviétique (URSS).

24. Quel est le premier pays à obtenir son indépendance après la Seconde Guerre mondiale ?

L'Inde, en 1947, marquant le début de la décolonisation.

25. Quelle crise a opposé les États-Unis et l'URSS en 1962 ?

La crise des missiles de Cuba, un moment critique de la guerre froide.

26. Quel événement de 1989 symbolise la fin du bloc communiste en Europe ?

La chute du mur de Berlin.

27. Quel traité a fondé l'Union européenne en 1992 ?

Le traité de Maastricht, signé le 7 février 1992.

28. Quel attentat majeur a eu lieu aux États-Unis en 2001 ?

Les attentats du 11 septembre 2001, visant notamment les tours du World Trade Center.

29. Quel pays est devenu la deuxième puissance économique mondiale en 2010 ?

La Chine, surpassant le Japon.

30. Quel conflit débute en Ukraine en 2014 ?

L'annexion de la Crimée par la Russie et le début du conflit armé dans le Donbass.

31. Quel est le pays le plus peuplé du monde (2025) ?

L'Inde, qui a dépassé la Chine en 2023.

32. Quelle est la plus grande forêt du monde ?

La forêt amazonienne, surnommée le "poumon de la planète".

33. Quels sont les cinq océans du monde ?

L'océan Atlantique, l'océan Pacifique, l'océan Indien, l'océan Arctique et l'océan Austral.

Actualités

1. ONU : réforme et montée en puissance de nouveaux acteurs

En 2025, le Secrétaire général António Guterres a lancé l'initiative « UN80 », un vaste programme de réforme pour moderniser l'ONU à l'approche de son 80e anniversaire. Cette réforme vise à renforcer l'efficacité de l'organisation, améliorer la transparence, réformer le Conseil de sécurité et repenser le système humanitaire. L'Union européenne a annoncé son soutien actif à ces mesures dans le cadre de la session 2025–2026 de l'Assemblée générale. Parallèlement, la Chine a accru son influence au sein des agences onusiennes, notamment grâce à une augmentation de ses contributions financières, profitant du désengagement progressif des États-Unis.

2. OTAN : sommet de La Haye et nouvelles orientations

En juin 2025, l'OTAN a tenu un sommet majeur à La Haye sous la présidence de Mark Rutte. Les 32 États membres, ainsi que plusieurs partenaires, ont adopté un plan visant à porter les dépenses de défense à 5 % du PIB d'ici 2035, avec une répartition entre la défense classique, la résilience civile et l'innovation technologique. Le président ukrainien Volodymyr Zelensky a participé au sommet, mais aucune promesse d'adhésion à court terme pour l'Ukraine n'a été faite. La Finlande et la Suède, qui ont rejoint l'Alliance respectivement en 2023 et 2024, confirment l'élargissement stratégique de l'OTAN en Europe du Nord. La Bosnie-Herzégovine, la Géorgie et l'Ukraine restent des pays aspirants à l'adhésion. Un référendum consultatif est également prévu en Slovénie sur la poursuite de l'appartenance à l'OTAN.

3. BRICS : un bloc élargi et renforcé

Les BRICS ont connu une expansion significative en 2024–2025. De nouveaux membres ont rejoint le bloc : Égypte, Éthiopie, Iran, Émirats arabes unis et, en janvier 2025, l'Indonésie, portant le groupe à dix membres. De plus, neuf pays (Biélorussie, Bolivie, Cuba, Kazakhstan, Malaisie, Nigeria, Thaïlande, Ouganda, Ouzbékistan) ont été intégrés comme « partenaires » dès 2025, rejoints en juin par le Vietnam. Ce regroupement, désormais appelé BRICS+, représente près de la moitié de la population mondiale et environ 45 % du PIB mondial en parité de pouvoir d'achat.
Lors du sommet de juillet 2025 à Rio de Janeiro, les membres ont adopté plusieurs priorités stratégiques : la gouvernance mondiale de l'intelligence artificielle, la lutte contre le changement climatique, la santé mondiale, le développement économique et la réforme des institutions internationales. Une déclaration spéciale sur l'IA a été publiée, appelant à un cadre de régulation global sous l'égide de l'ONU. Le bloc a également avancé sur le projet BRICS Pay, un système de paiement décentralisé destiné à faciliter les transactions en monnaies locales et réduire la dépendance au dollar.

4. Évolutions notables dans les grandes organisations

- L'UNESCO a connu un retrait des États-Unis en juillet 2025, ce qui fragilise son financement et renforce la place de la Chine dans cette agence.

- L’Assemblée générale de l’ONU a ouvert des discussions sur une réforme en profondeur du Conseil de sécurité, sujet débattu dans le cadre d’UN80.
- Le FMI et la Banque mondiale font l’objet de critiques croissantes de la part des pays du Sud, qui réclament une gouvernance plus équitable.

5. Données clés

- L’OTAN compte désormais 32 membres, avec un budget de défense en forte augmentation.
- Les BRICS+ regroupent 10 membres et 10 pays partenaires, représentant près de 50 % de la population mondiale.
- L’ONU s’engage dans sa réforme la plus importante depuis sa création, centrée sur l’efficacité, la transparence et l’équilibre des pouvoirs entre États.

L'EUROPE

1. Qui sont les pères fondateurs de l'Europe ?

Les pères fondateurs de l'Europe sont principalement **Jean Monnet** et **Robert Schuman**. Jean Monnet, haut fonctionnaire et visionnaire français, a conçu les bases d'une coopération européenne pragmatique et progressive. Robert Schuman, alors ministre français des Affaires étrangères, a présenté le 9 mai 1950 la célèbre **Déclaration Schuman**, appelant à la mise en commun des ressources de charbon et d'acier entre la France, l'Allemagne et d'autres pays volontaires. Cette initiative a posé les fondations de la **Communauté européenne du charbon et de l'acier (CECA)**, première étape de la construction européenne.

2. Quels sont les pays fondateurs de l'Europe ?

La **Communauté économique européenne (CEE)** a été créée par le **Traité de Rome**, signé le 25 mars 1957. Ses six membres fondateurs étaient :

- **Allemagne (RFA)**
- **Belgique**
- **France**
- **Italie**
- **Luxembourg**
- **Pays-Bas**

De 6 pays à l'origine, l'Union européenne compte aujourd'hui **27 États membres** (après le départ du Royaume-Uni en 2020).

3. Quelles sont les dates importantes de la construction européenne ?

Voici les grandes étapes de la construction européenne :

- **1950 – Déclaration Schuman** : Appel à une mise en commun du charbon et de l'acier pour consolider la paix entre les nations européennes.
- **1951 – Création de la CECA** : Naissance de la Communauté européenne du charbon et de l'acier avec 6 pays (France, Allemagne, Belgique, Italie, Luxembourg, Pays-Bas).
- **1957 – Traité de Rome** : Création de la CEE (marché commun) et d'Euratom (Communauté européenne de l'énergie atomique).
- **1979 – Première élection du Parlement européen au suffrage universel direct.**
- **1985 – Accords de Schengen** : Suppression progressive des contrôles aux frontières entre certains pays européens.
- **1986 – Acte unique européen** : Achèvement du marché intérieur et élargissement des compétences de la CEE.
- **1989 – Chute du mur de Berlin** : Ouverture à l'intégration des pays d'Europe centrale et orientale.
- **1992 – Traité de Maastricht** : Création de l'**Union européenne** et mise en place de la citoyenneté européenne. Introduction de la future monnaie unique, l'euro.
- **1997 – Traité d'Amsterdam** : Extension des compétences de l'UE (immigration, emploi, justice).
- **2002 – Mise en circulation de l'euro** : L'euro devient la monnaie officielle de 12 pays.

- **2007 – Traité de Lisbonne** : Renforcement du rôle du Parlement européen et création du poste de président du Conseil européen.
- **2012 – Mécanisme européen de stabilité (MES)** : Dispositif de soutien financier aux États en difficulté dans la zone euro.
- **2013 – Adhésion de la Croatie** : 28e État membre (avant le départ du Royaume-Uni).
- **2016 – Référendum sur le Brexit** : Le Royaume-Uni vote sa sortie de l'UE, effective en 2020.

4. Qu'est-ce que la zone euro ?

La **zone euro** est l'ensemble des pays de l'Union européenne qui ont adopté l'**euro** comme monnaie officielle. Sur les 27 États membres de l'UE, **20 utilisent l'euro** en 2025. La zone euro constitue une union monétaire visant à renforcer la stabilité économique, faciliter les échanges et rapprocher les économies des pays membres.

5. Qu'est-ce que le Conseil de l'Europe ?

Le **Conseil de l'Europe** est une organisation intergouvernementale créée en 1949, distincte de l'Union européenne. Il regroupe **47 États membres**, dont les 27 membres de l'UE, et a pour mission principale la défense des droits de l'homme, de la démocratie et de l'État de droit. À ne pas confondre :

- Avec le **Conseil européen** (réunit les chefs d'État et de gouvernement de l'UE).
- Avec le **Conseil de l'Union européenne** (réunit les ministres des États membres).

6. Qu'est-ce que le Conseil de l'Union européenne ?

Le **Conseil de l'Union européenne**, ou « Conseil des ministres », est l'une des principales institutions de l'UE. Il représente les gouvernements des États membres et partage le pouvoir législatif avec le **Parlement européen**. Il adopte les lois européennes, approuve le budget et coordonne les politiques dans plusieurs domaines (économie, sécurité, politique étrangère).

7. Qu'est-ce que la Commission européenne ?

La **Commission européenne** est l'organe exécutif de l'UE. Elle est composée de **27 commissaires** (un par État membre) proposés par les gouvernements et approuvés par le Parlement européen. Elle a le monopole de l'initiative législative (propose les lois), veille à leur application et gère les programmes et le budget de l'Union. Son siège est à **Bruxelles**.

8. Qu'est-ce que le Parlement européen ?

Le **Parlement européen** est l'organe législatif représentant les citoyens de l'Union. Élu au **suffrage universel direct** tous les 5 ans, il partage le pouvoir législatif et budgétaire avec le Conseil de l'UE. Son siège officiel est à **Strasbourg**, mais il tient également des sessions à Bruxelles.

9. Combien y a-t-il d'eurodéputés ?

Le **Parlement européen** compte **705 députés**, qui représentent environ **360 millions d'électeurs** dans l'UE. Le nombre de députés par pays est proportionnel à la population, mais avec un système de représentation dégressive.

10. Qu'est-ce que le Conseil européen ?

Le **Conseil européen** réunit les **chefs d'État et de gouvernement** des 27 États membres, le président de la Commission et son propre président élu. Il fixe les grandes orientations politiques de l'UE mais n'adopte pas de lois.

11. Quelle est la date de la Journée de l'Europe ?

La **Journée de l'Europe** est célébrée chaque année le **9 mai**. Elle commémore la **Déclaration Schuman** de 1950, qui est considérée comme l'acte fondateur de la construction européenne.

12. Quel est l'hymne européen ?

L'**hymne européen** est l'**Ode à la joie**, extrait de la **9e symphonie de Beethoven**. Il symbolise l'unité et la fraternité entre les peuples européens.

13. Que représentent les étoiles sur le drapeau européen ?

Le **drapeau européen** comporte un cercle de **12 étoiles dorées sur fond bleu**. Elles symbolisent l'unité, la solidarité et l'harmonie entre les peuples d'Europe. Le nombre d'étoiles n'est pas lié au nombre d'États membres.

14. Combien y a-t-il de pays dans l'Union européenne ?

L'Union européenne compte actuellement **27 États membres.**

15. Expliquez le Brexit.

Le **Brexit** désigne la sortie du **Royaume-Uni** de l'Union européenne. Cette décision a été prise par référendum en juin 2016 (51,9 % des voix pour la sortie). Le Royaume-Uni a officiellement quitté l'UE le **31 janvier 2020**, mettant fin à 47 ans d'appartenance.

16. Quelles sont les institutions importantes de l'UE ?

Les principales institutions sont :

- La **Commission européenne** : propose et met en œuvre les politiques.
- Le **Conseil de l'UE** : adopte les lois avec le Parlement.
- Le **Parlement européen** : représente les citoyens.
- Le **Conseil européen** : fixe les grandes orientations politiques.
- La **Banque centrale européenne (BCE)** : gère la politique monétaire de la zone euro.
- La **Cour de justice de l'UE (CJUE)** : veille au respect du droit européen.

17. Qu'est-ce que l'ERCC ?

Le **Centre de coordination de la réaction d'urgence (ERCC)** est un organe central du **Mécanisme de protection civile de l'Union européenne**. Il a pour mission de coordonner l'aide d'urgence lors de catastrophes majeures (incendies,

inondations, tremblements de terre, pandémies, crises humanitaires).
Fonctionnement :

- Il travaille 24 h/24 et 7 j/7.
- Il mobilise rapidement les ressources (personnel de secours, matériel, expertise technique) des États membres et des pays partenaires.
- Il peut intervenir **au sein de l'UE** mais aussi **à l'international** à la demande d'un pays ou d'organisations comme l'ONU.
  L'ERCC dépend de la **Commission européenne (Direction générale ECHO)** et sert de **plateforme de coordination** entre les États membres, les pays sinistrés et les experts en protection civile.

18. Qu'est-ce que la BCE ?

La **Banque centrale européenne (BCE)**, créée en 1998 et basée à Francfort, est l'institution responsable de la **politique monétaire de la zone euro**.
Ses missions principales sont :

- **Maintenir la stabilité des prix** pour protéger le pouvoir d'achat.
- **Fixer les taux d'intérêt** et réguler l'inflation dans la zone euro.
- **Superviser les grandes banques** européennes dans le cadre de l'Union bancaire.
- Contribuer à la stabilité financière globale et à la sécurité du système bancaire.
  La BCE joue un rôle clé dans les périodes de crise (ex. : crise financière de 2008, pandémie de COVID-19) en injectant des liquidités et en soutenant les États

membres via des mécanismes comme le **programme d'achats d'urgence (PEPP)**.

19. Quelles sont les politiques communes de l'Union européenne ?

L'Union européenne a développé plusieurs **politiques communes** pour renforcer la cohésion entre ses membres et répondre aux grands défis.

a) Politique agricole commune (PAC)

- Objectifs : garantir la sécurité alimentaire, stabiliser les revenus des agriculteurs, soutenir une agriculture durable.
- Instruments : aides directes aux agriculteurs, régulation des marchés agricoles, soutien au développement rural.
- Réformes récentes : conditionnement des aides au respect de normes environnementales, encouragement à l'agriculture biologique.

b) Politique de cohésion économique, sociale et territoriale

- Objectifs : réduire les écarts de développement entre les régions, favoriser la croissance et l'emploi.
- Instruments : Fonds européen de développement régional (FEDER), Fonds social européen (FSE+), Fonds de cohésion.

c) Politique commerciale commune

- Objectifs : défendre les intérêts commerciaux de l'UE, promouvoir le libre-échange.

- Instruments : accords de libre-échange (ex. : CETA), politique douanière commune, sanctions économiques contre les pays tiers si nécessaire.

d) Politique monétaire et économique

- Objectifs : stabiliser l'euro, coordonner les politiques économiques.
- Acteurs : BCE, Pacte de stabilité et de croissance, Semestre européen.
- Réformes : plan de relance "Next Generation EU" (750 milliards d'euros).

e) Politique de la concurrence

- Objectifs : garantir une concurrence équitable, lutter contre les abus de position dominante, encadrer les aides d'État.

f) Politique environnementale et climatique

- Objectifs : atteindre la neutralité carbone d'ici 2050 via le **Pacte vert européen (Green Deal)**.
- Instruments : taxation carbone aux frontières, quotas d'émissions, financement de la transition énergétique.

g) Politique de sécurité et de défense (PCSD)

- Objectifs : renforcer la coopération militaire entre États membres, mener des opérations extérieures, développer l'autonomie stratégique européenne.

h) Politique migratoire et d'asile

- Objectifs : gérer les flux migratoires, protéger les frontières extérieures via **FRONTEX**, harmoniser les procédures d'asile.

20. Quelle est la place de la France dans l'Union européenne

La **France** est un **membre fondateur** et un **pilier central** de l'Union européenne. Elle joue un rôle moteur dans les grandes orientations de l'UE.

Rôle historique :

- Signataire des traités fondateurs (CECA, CEE, Traité de Rome).
- Influence des dirigeants français : Robert Schuman (Déclaration Schuman), François Mitterrand (Traité de Maastricht), Emmanuel Macron (Europe de la défense et Green Deal).

Poids politique et institutionnel :

- Deuxième pays le plus peuplé (68 millions d'habitants).
- 81 députés au Parlement européen.
- Siège officiel du Parlement européen à Strasbourg.
- Partenaire clé du **couple franco-allemand**, moteur des réformes de l'UE.

Rôle économique et financier :

- Deuxième économie de l'UE avec un PIB de 2 800 milliards d'euros.
- Premier bénéficiaire de la **PAC** (premier producteur agricole européen).
- Acteur majeur dans l'aéronautique (Airbus), l'énergie (EDF, TotalEnergies) et le luxe.

Influence diplomatique et militaire :

- Seul État de l'UE doté de l'arme nucléaire.

- Membre permanent du **Conseil de sécurité de l'ONU**.
- Acteur clé de la **Politique de Sécurité et de Défense Commune** (missions au Sahel, Méditerranée).

Engagements stratégiques :

- Leader sur le **Green Deal** et la taxe carbone aux frontières.
- Défenseur d'une **Europe plus souveraine** sur le plan numérique et technologique.
- Promoteur d'un **budget renforcé de la zone euro** et de l'investissement dans les technologies d'avenir.

En résumé, la France reste un **moteur politique, économique et militaire** de l'Union européenne, bien que confrontée à des défis (montée de l'euroscepticisme, débats sur la souveraineté).

Actualités

1. Nouvelle réglementation majeure sur les données de santé

- Le **Règlement « European Health Data Space » (EHDS)** est entré en vigueur le **26 mars 2025**. Il permet une meilleure gouvernance des données de santé électroniques : les citoyens gardent le contrôle de leurs données, tandis que les chercheurs, entreprises et décideurs peuvent y accéder dans un cadre réglementé. Objectif : harmoniser les dossiers médicaux à travers l'UE pour favoriser l'innovation et la recherche.

2. Réforme de la TVA numérique

- Le **paquet ViDA (VAT in the Digital Age)** a été adopté le **11 mars 2025** et est entré en vigueur le **12 avril 2025**. Il modernise la TVA en favorisant la facture électronique, simplifiant les règles pour les plateformes numériques et introduisant une **inscription unique pour les entreprises opérant dans plusieurs États membres**. Objectif : réduire l'écart de TVA (VAT Gap) estimé à 99 milliards € en 2020.

3. Simplification des réglementations durables (Omnibus Package)

- Lancé le **26 février 2025**, ce plan vise à alléger certaines normes ESG jugées trop contraignantes pour l'industrie européenne.

- Allègement des obligations de reporting pour les PME.
- Report jusqu'en **2028 ou 2027** pour les directives de diligence raisonnable (CSDDD).
- Application de la taxe carbone aux frontières limitée selon le tonnage annuel.

4. Réforme du droit des dessins et modèles

- Le **nouveau règlement sur les designs européens (EUDR)** est entré en vigueur le **1er mai 2025** (phase I), tandis que la **phase II commence le 1er juillet 2026**. Il étend les critères de protection des créations esthétiques, simplifie la procédure d'invalidation et instaure une voie d'appel accélérée.

5. Lancement du système EES et préparation d'ETIAS

- À partir du **12 octobre 2025**, le système **EES (Entry/Exit System)** remplace les tampons aux frontières et impose le prélèvement de données biométriques (empreintes, photo) aux voyageurs hors UE entrant dans l'espace Schengen. Ce déploiement s'achève en avril 2026.
- Dès **fin 2026**, le système **ETIAS** imposera une autorisation de voyage à € 20 pour les ressortissants des pays en exemption de visa (ex : Royaume-Uni).

6. Redéfinition des relations commerciales avec les États-Unis

- Le **27 juillet 2025**, un accord transatlantique a été conclu, imposant un tarif de **15 % sur la majorité des produits européens**, tout en annulant ou réduisant certains tarifs commerciaux.
- En compensation, l'UE s'engage à acheter pour **750 milliards de dollars d'énergie américaine** sur trois ans et **600 milliards d'investissements d'entreprises européennes aux États-Unis**. L'accord inclut des engagements sur le secteur militaire.

7. Budget pluriannuel et ambitions stratégiques

- Les négociations pour le prochain **budget européen (2028-2034)** ont débuté en 2025, avec un plan global proche de **2 000 milliards d'euros**.
- Ce budget vise à réorienter les aides agricoles et structurelles vers des plans nationaux axés sur la performance, tout en développant des instruments financiers stratégiques. Toutefois, son ratio réel (1,15 % du RNB) suscite des critiques concernant son insuffisance face aux enjeux géopolitiques.

8. Législation numérique et protection des consommateurs

- La Commission européenne prévoit une consultation publique dès le **printemps 2025** sur le **Digital Fairness Act**, destiné à encadrer les pratiques trompeuses en ligne (dark patterns, marketing d'influence, personnalisation abusive). La proposition sera soumise à l'approbation en **2026**.

Synthèse des actualités

Domaine	**Nouveauté majeure**	**Date de mise en œuvre**
Droit sanitaire	Règlement EHDS (données de santé)	26 mars 2025
Fiscalité numérique	Paquet ViDA (TVA digitalisée)	12 avril 2025
Environnement/ESG	Omnibus Package (simplification règlementaire)	2025 (transposition jusqu'en 2028)
Propriété industrielle	Réforme EUDR (dessins et modèles)	May 2025 (phase II en 2026)
Migration & frontières	EES/ETIAS (sécurité Schengen)	EES : Oct 2025–Avril 2026 ; ETIAS fin 2026
Commerce & stratégie	Accord UE-États-Unis (tarifs & coopération)	27 juillet 2025 imposition
Finances publiques	Négociation nouveau budget pluriannuel	2025–2026
Protection consommateurs	Digital Fairness Act	Consultation 2025, adoption 2026

LA FRANCE

1. Quelle est la devise de la France ?

La devise de la République française est **« Liberté, Égalité, Fraternité »**. Elle apparaît sur les bâtiments publics et les documents officiels. Adoptée sous la **Deuxième République en 1848**, elle s'inspire directement des idéaux de la **Déclaration des droits de l'homme et du citoyen de 1789**. Elle résume l'esprit républicain : la liberté pour chaque citoyen, l'égalité devant la loi et la fraternité comme valeur de cohésion nationale.

2. Que représentent les couleurs du drapeau français ?

Le **drapeau tricolore bleu-blanc-rouge** est né sous la **Révolution française**. Le **bleu et le rouge** sont les couleurs de la ville de **Paris**, et le **blanc** représente la monarchie. Leur association symbolise la réconciliation entre le peuple et le roi. Il est l'emblème officiel de la **Cinquième République**.

3. Qui a écrit La Marseillaise ?

La Marseillaise a été écrite et composée en 1792 par **Claude-Joseph Rouget de Lisle**, alors capitaine du génie à Strasbourg. Ce chant révolutionnaire, d'abord intitulé « Chant de guerre pour l'armée du Rhin », est devenu l'hymne national en 1795.

4. Combien la France compte-t-elle de régions et de départements ?

La France compte **18 régions** :

- **13 régions métropolitaines**, dont la Corse.
- **5 régions d'outre-mer**, qui sont également des départements : **Guadeloupe, Martinique, Guyane, La Réunion et Mayotte**.
  Elle compte également **101 départements**.

5. Que sont les TAAF ?

Les **Terres australes et antarctiques françaises (TAAF)** sont une collectivité d'outre-mer créée en 1955. Elles regroupent cinq districts :

- **Archipel Crozet**,
- **Îles Kerguelen**,
- **Îles Éparses de l'océan Indien**,
- **Îles Saint-Paul et Nouvelle-Amsterdam**,
- **La Terre Adélie** (secteur antarctique revendiqué par la France).

6. Combien la France compte-t-elle de communes ?

La France compte **environ 34 967 communes** en métropole et outre-mer, auxquelles s'ajoutent une centaine de communes dans les collectivités d'outre-mer et en Nouvelle-Calédonie. C'est le pays européen qui compte le plus grand nombre de communes.

7. Qui était Napoléon Bonaparte ?

Napoléon Bonaparte (1769-1821) fut un général, Premier consul puis **empereur des Français** (1804-1814, puis

Cent-Jours en 1815). Stratège militaire de génie, il a profondément réformé l'État (Code civil, lycées, Banque de France) et marqué l'histoire européenne par ses conquêtes. Exilé après sa défaite à Waterloo, il meurt à Sainte-Hélène en 1821.

8. Qui était Jean Moulin ?

Jean Moulin (1899-1943) était un haut fonctionnaire et **héros de la Résistance**. Envoyé par **Charles de Gaulle** pour unifier les mouvements de résistance, il fonde le **Conseil national de la Résistance (CNR)**. Arrêté et torturé par la Gestapo, il meurt en déportation.

9. Qui était Charles de Gaulle ?

Charles de Gaulle (1890-1970) fut militaire, chef de la France libre durant la Seconde Guerre mondiale, fondateur de la **Cinquième République** et **président de la République (1959-1969)**. Il est notamment l'auteur de l'**Appel du 18 juin 1940**, qui incita les Français à résister face à l'Allemagne nazie.

10. Quelle est la superficie de la France ?

La France métropolitaine et ultramarine couvre **551 695 km²**, ce qui en fait le plus vaste pays de l'Union européenne.

11. Citer les 5 fleuves principaux de France.

- **La Seine**
- **La Loire** (le plus long)
- **Le Rhône**

- **La Garonne**
- **Le Rhin**

12. Quel est le plus haut sommet de France ?

Le **Mont Blanc**, situé dans les Alpes, culmine à **4 810 mètres**, ce qui en fait également le plus haut sommet d'Europe occidentale.

13. Citer des livres de Victor Hugo.

Parmi ses œuvres majeures :

- **Notre-Dame de Paris** (1831)
- **Les Misérables** (1862)
- **Les Contemplations** (1856)
- **La Légende des siècles** (1859-1883).

14. Quel roi a été décapité ?

Louis XVI a été exécuté par guillotine le **21 janvier 1793** après avoir été reconnu coupable de trahison par la Convention nationale.

15. Qui était Robespierre ?

Maximilien Robespierre (1758-1794) fut un avocat et homme politique, figure majeure de la **Révolution française**. Membre influent du **Comité de salut public**, il incarne la période de la **Terreur** (1793-1794). Défenseur du suffrage universel masculin et de l'abolition de l'esclavage, il est exécuté le 28 juillet 1794.

16. Quelles sont les dates des différentes Constitutions françaises ?

- **1793** : Première République
- **1848** : Deuxième République
- **1875** : Troisième République
- **1946** : Quatrième République
- **1958** : Cinquième République (toujours en vigueur).

17. Citer des grands peintres français.

- **Paul Cézanne**
- **Claude Monet**
- **Paul Gauguin**
- **Henri Matisse**
- **Théodore Géricault**.

18. Citer des grands écrivains français.

- **Molière**
- **Marcel Proust**
- **Gustave Flaubert**
- **Jean-Paul Sartre**
- **Simone de Beauvoir**
- **Albert Camus**
- **Charles Baudelaire**
- **Émile Zola**.

19. Qu'est-ce que le Panthéon ?

Le **Panthéon** est un monument parisien du XVIIIe siècle, initialement conçu comme église. Depuis la Révolution, il est devenu un lieu où reposent de grandes figures françaises : **Voltaire, Rousseau, Victor Hugo, Jean Moulin, Simone Veil, Joséphine Baker**, etc.

20. Qu'est-ce que la Révolution française de 1789 ?

La **Révolution française** (1789-1799) renversa la monarchie absolue et mit fin à l'Ancien Régime. Elle débute avec l'ouverture des États généraux et la **prise de la Bastille (14 juillet 1789)**, et aboutit à l'instauration de la **Première République**.

21. En quelle année est rédigée la Déclaration des droits de l'homme ?

Elle est adoptée en **août 1789** par l'Assemblée constituante et proclame les libertés fondamentales : égalité devant la loi, liberté d'expression, droit de propriété, souveraineté nationale.

22. Quelles sont les dates de la Première Guerre mondiale

La **Première Guerre mondiale** a lieu de **1914 à 1918**. L'armistice est signé le **11 novembre 1918** à Rethondes.

23. Quelles sont les dates de la Seconde Guerre mondiale

La **Seconde Guerre mondiale** s'étend de **1939 à 1945**. En Europe, l'Allemagne nazie capitule le **8 mai 1945**, et la guerre prend fin le **2 septembre 1945** après la capitulation du Japon.

24. Qu'appelle-t-on la période des Lumières ?

Les **Lumières** désignent un mouvement philosophique et culturel du XVIIIe siècle. Des penseurs comme **Voltaire, Montesquieu, Rousseau** prônent la raison, la tolérance et la diffusion du savoir contre l'ignorance et l'obscurantisme.

25. La France en quelques chiffres (2025)

- **Population** : ~68 millions d'habitants
- **Chômage** : environ 7 %
- **PIB** : environ 2 800 milliards d'euros
- **Dette publique** : ~3 100 milliards d'euros.

26. Quelle est la date de la prise de la Bastille et son importance ?

La **prise de la Bastille** a lieu le **14 juillet 1789**. Elle symbolise la révolte populaire contre l'absolutisme et marque le début de la Révolution française.

27. Quel régime politique est instauré après la révolution de 1848 ?

La **Deuxième République** est proclamée en février 1848. Elle abolit l'esclavage dans les colonies françaises et instaure le **suffrage universel masculin**.

28. Quel événement marque la fin de la monarchie en France

La **proclamation de la Première République**, le **21 septembre 1792**, marque la fin de la monarchie.

29. Quelle guerre oppose la France et la Prusse en 1870 ?
La **guerre franco-prussienne** (1870-1871), qui entraîne la chute du **Second Empire** et la proclamation de la **Troisième République**.

30. Quelle institution est mise en place par la Constitution de 1875 ?

La **Troisième République**, dotée d'un régime parlementaire.

31. Quelle grande réforme est mise en place sous le Front populaire en 1936 ?

Les **congés payés** (2 semaines) et la **semaine de 40 heures**, ainsi que d'autres avancées sociales (conventions collectives, hausse des salaires).

32. Qui prononce l'Appel du 18 juin 1940 et pourquoi ?

Le **général de Gaulle**, depuis Londres, lance l'**Appel du 18 juin 1940** pour inciter les Français à poursuivre la lutte contre l'Allemagne nazie.

33. Quelle est la date de création de la IVe République ?

La **IVe République** est proclamée le **27 octobre 1946**, après la Seconde Guerre mondiale.

34. Quelle est la date d'entrée en vigueur de la Constitution de la Cinquième République ?

La **Cinquième République** est instaurée le **4 octobre 1958**, sous l'impulsion de Charles de Gaulle.

35. Quel président a instauré l'élection du président au suffrage universel direct ?

Charles de Gaulle, par référendum en **1962**.

36. Quelle réforme de 2000 a modifié la durée du mandat présidentiel ?

La **réduction du mandat présidentiel** de 7 à 5 ans (quinquennat), mise en place sous **Jacques Chirac**.

37. Quel président a aboli la peine de mort en France ?

François Mitterrand, en **1981**, grâce à la loi portée par son ministre de la Justice **Robert Badinter**.

38. Quel président a mis en place le Service National Universel (SNU) ?

Emmanuel Macron, en 2019, pour renforcer la cohésion nationale et l'engagement citoyen des jeunes.

39. Quelle loi a instauré la laïcité en France ?

La **loi de 1905** sur la **séparation des Églises et de l'État**, garantissant la liberté de conscience et la neutralité de l'État.

40. Qu'est-ce que la Déclaration des droits de l'homme et du citoyen ?

Texte fondamental adopté en **1789**, affirmant les droits naturels, inaliénables et sacrés de l'homme (liberté, égalité, sûreté, propriété).

Actualités

1. Politique et institutions

- **Projet controversé d'allongement de l'âge de la retraite de 62 à 64 ans**, désormais renégocié par le gouvernement dans un contexte tendu et avec des partenaires sociaux mobilisés.

- Lancement du **parti "La France humaniste"**, initié par Dominique de Villepin en juin 2025, défendant des valeurs républicaines et sociales dans une perspective présidentielle.

2. Économie, finances publiques et réformes

- La croissance économique est faible : il est prévu un **PIB en croissance de 0,6 % en 2025**, puis 1 % en 2026 selon le FMI.

- Adoption de la **loi de finances 2025** (février) marquée par une hausse des tranches d'impôt sur le revenu de 1,8 %.

- **Réforme des class actions** via la loi DDADUE (avril-mai 2025) : harmonisation des procédures en droit des consommateurs, droit de l'environnement, et introduction d'une **sanction civile pour préjudice intentionnel**.

- **Obligation de facturation électronique (B2B)** en cours de déploiement, avec un calendrier complet prévu pour septembre 2026.

3. Environnement et agriculture

- Un **projet de loi agricole très controversé**, visant à autoriser l'usage du pesticide acetamiprid, suscite un record de **1,3 million de signatures de pétition**.

- Affaiblissement de la **politique des zones à faibles émissions (ZFEs)** : suppression votée par le Parlement (98 voix contre 51), fragilisant l'orientation environnementale.

4. Défense, industrie et souveraineté

- Signature du **contrat stratégique de la filière nucléaire (2025-2028)** en juin 2025 : consolidation industrielle, R&D, EPR2, prolongation des réacteurs, développement des SMR, etc.

- La France se tourne vers une **« économie de guerre »** : intensification de la production de matériel militaire (missiles, blindés, munitions), budget défense porté à 400 Mds€ (2024-2030).

- Tensions dans le projet européen **FCAS (avion de combat futur)** entre Dassault et Airbus : Macron et le chancelier allemand Merz œuvrent à un compromis en vue du prochain rendez-vous ministériel avant août 2025.

5. Numérique, intelligence artificielle

- **Sommet pour l'action sur l'IA (SAIA)** organisé à Paris début février 2025 (coprésidé par la France et l'Inde). Adoption d'une **déclaration sur une IA éthique, inclusive et ouverte**, lancement de la **fondation Current AI** et engagement à former 100 000 data scientists/an en France.

- En janvier 2025, la France soutient la proposition d'un **"Compass Compétitivité" de l'UE** : réduction de 25 % des obligations ESG, priorité aux secteurs IA, biotech et énergie décarbonée pour renforcer la compétitivité mondiale.

6. Commerce international & Europe

- **Pression française au sein de l'UE** pour riposter aux éventuels tarifs américains sur les exportations de l'UE (jusqu'à 30 %), en activant l'outil anti-coercition (ACI) et préparant des mesures de représailles ciblées.

- L'Union européenne s'oriente vers un accord commercial transatlantique annoncé avant le **1er août 2025** : accord sur tarifs à 15 % sur certains produits européens, investissements croisés prévus.

7. Transport, énergie et pouvoir d'achat

- Baisse de **15 % sur les tarifs de l'électricité** à partir du 1er février 2025 pour 24 millions de ménages, et **taux du Livret d'Épargne Populaire (LEP)** porté à 3,5 %.

- Alerte lancée par la Commission européenne en juillet 2025 : risque important de **graves retards de vols en Europe**, en lien avec le déficit de contrôleurs aériens et l'absence de réforme du ciel unique européen (SES) .

Synthèse

Domaine	Principales évolutions
Économie	Croissance faible, budget 2025 voté, réforme des class actions, facturation électronique
Agriculture / environnement	Controverses pesticides, recul sur les ZFEs
Défense / industrie	Contrat nucléaire, montée en puissance militaire
Numérique / IA	Sommet IA à Paris, plan Current AI, réduction des normes ESG
Commerce international	Position hard sur les négociations avec les USA
Société / transport	Baisse des prix de l'électricité, enjeux transport aérien

L'ETAT

1. Qu'est-ce qu'une Constitution ?

Une **Constitution** est la **loi fondamentale** d'un État. Elle définit l'organisation et le fonctionnement des institutions, précise la répartition des pouvoirs et garantit les droits et libertés fondamentaux des citoyens.
La **Constitution française du 4 octobre 1958** fonde la **Cinquième République**, toujours en vigueur aujourd'hui. Elle a été **révisée 24 fois** (notamment en 2000 pour passer au quinquennat, en 2008 pour renforcer le rôle du Parlement et limiter l'usage du 49-3). Malgré ces révisions, elle demeure l'une des plus stables de l'histoire française.

2. Qu'est-ce que la République ?
La **République** est une forme d'organisation politique dans laquelle **le pouvoir appartient au peuple**, qui l'exerce directement ou par l'intermédiaire de représentants élus. Le chef de l'État **n'y détient pas le pouvoir par héritage** et ses fonctions sont limitées par la loi.
La République française repose sur trois grands principes : **Liberté, Égalité, Fraternité**, inscrits dans la Constitution et symbolisés sur les bâtiments publics.

3. Citer les présidents de la Cinquième République.

- **Charles de Gaulle** : 1959 – 1969
- **Georges Pompidou** : 1969 – 1974
- **Valéry Giscard d'Estaing** : 1974 – 1981
- **François Mitterrand** : 1981 – 1995

- **Jacques Chirac** : 1995 – 2007
- **Nicolas Sarkozy** : 2007 – 2012
- **François Hollande** : 2012 – 2017
- **Emmanuel Macron** : 2017 – aujourd'hui (*réélu en 2022 ; deuxième mandat en cours en 2025*).

4. Qui est le chef des armées ?

Le **président de la République** est le chef des armées (article 15 de la Constitution). Il préside les conseils et comités supérieurs de la Défense nationale et peut décider de l'engagement des forces armées.

5. Qu'est-ce que la séparation des pouvoirs ?

La **séparation des pouvoirs**, inspirée de Montesquieu, vise à **limiter les abus de pouvoir** en répartissant les fonctions de l'État entre trois organes :

- **Le pouvoir législatif** : vote les lois (Parlement).
- **Le pouvoir exécutif** : met en œuvre les lois (Président et Gouvernement).
- **Le pouvoir judiciaire** : contrôle l'application des lois (tribunaux et magistrats).

6. Quel est le rôle du pouvoir législatif ?

- **Voter les lois** proposées par le Gouvernement (projets de loi) ou les parlementaires (propositions de loi).
- **Contrôler le Gouvernement** (questions au gouvernement, commissions d'enquête, motion de censure).
- **Voter le budget de l'État**.

- **Assurer l'intérim du chef de l'État** en cas de vacance (par le président du Sénat).

7. Qui exerce le pouvoir législatif en France ?

Le **Parlement** exerce le pouvoir législatif. Il est composé de deux chambres :

- **L'Assemblée nationale** (577 députés élus au suffrage universel direct, siège au Palais Bourbon).
- **Le Sénat** (348 sénateurs élus au suffrage indirect, siège au Palais du Luxembourg).

8. Quel est le rôle du pouvoir exécutif ?

Sous la Cinquième République, le pouvoir exécutif est partagé entre :

- **Le président de la République** : chef de l'État, garant des institutions, chef des armées, diplomatie, nominations aux postes clés.
- **Le Gouvernement** dirigé par le Premier ministre : met en œuvre les lois, dirige l'administration, élabore le budget, négocie et signe les décrets d'application.

9. Quel est le rôle du pouvoir judiciaire ?

Le **pouvoir judiciaire** garantit l'application de la loi, tranche les litiges et sanctionne les infractions.
Il est composé :

- **Des juridictions civiles et pénales** (tribunaux, cours d'appel, Cour de cassation).

- **Des juridictions administratives** (tribunaux administratifs, cours administratives d'appel, Conseil d'État).

10. Quelle est l'organisation juridictionnelle en France ?

Elle se divise en deux grands ordres :

- **Ordre judiciaire** : tribunaux judiciaires, cours d'appel, Cour de cassation (litiges entre particuliers, droit pénal).
- **Ordre administratif** : tribunaux administratifs, cours administratives d'appel, Conseil d'État (litiges impliquant l'administration).

11. Qu'est-ce que la jurisprudence ?

La **jurisprudence** est l'ensemble des décisions de justice qui interprètent et précisent les lois. Elle joue un rôle essentiel lorsqu'un texte est flou ou incomplet, complétant ainsi le travail du législateur.

12. Qu'est-ce que le Conseil d'État ?

Le **Conseil d'État** est la plus haute juridiction administrative française. Il juge les litiges administratifs et conseille le Gouvernement sur les projets de loi avant leur adoption.

13. Qu'est-ce que la Cour des comptes ?

La **Cour des comptes** contrôle l'utilisation des finances publiques : budget de l'État, collectivités, Sécurité sociale, organismes bénéficiant de fonds publics. Elle publie chaque année un **rapport public** très attendu.

14. Qu'est-ce que le CESE ?

Le **Conseil économique, social et environnemental (CESE)** est une assemblée consultative composée de représentants de la société civile (patronat, syndicats, associations). Il rend des avis au Gouvernement et au Parlement sur les grands projets de loi.

15. Qu'est-ce que le Conseil constitutionnel ?

Le **Conseil constitutionnel** vérifie que les lois et règlements sont conformes à la Constitution. Il veille aussi à la régularité des élections et référendums.
Il compte **9 membres** nommés pour 9 ans (3 par le président de la République, 3 par le président du Sénat et 3 par celui de l'Assemblée nationale).

16. Qu'est-ce que la hiérarchie des normes ?

La **hiérarchie des normes** organise les règles juridiques :

1. **La Constitution** et les normes constitutionnelles (dont la Déclaration des droits de l'homme et du citoyen).
2. **Les traités internationaux et européens**.
3. **Les lois**.
4. **Les règlements** (décrets, arrêtés).
5. **Les actes administratifs**.

17. Qu'est-ce que le Journal officiel ?

Le **Journal officiel de la République française** publie toutes les lois, décrets, arrêtés et annonces légales. Sa publication donne force exécutoire aux textes.

18. Comment est élaborée une loi ?

1. **Initiative** : Gouvernement (projet de loi) ou parlementaires (proposition de loi).
2. **Examen et vote** : discussion dans les deux chambres (Assemblée nationale et Sénat).
3. **Commission mixte paritaire** : en cas de désaccord, elle rédige un texte commun.
4. **Promulgation** : le président signe la loi.
5. **Publication** : la loi paraît au Journal officiel.

19. Qui sont les préfets ?

Les **préfets** représentent l'État dans les départements et régions. Nommés par décret présidentiel, ils assurent le maintien de l'ordre, la sécurité et l'application des lois.

20. Qu'est-ce que l'ordre public ?

L'**ordre public** regroupe la **sécurité publique**, la **tranquillité publique** et la **salubrité publique**. Il justifie certaines restrictions aux libertés (ex. : couvre-feu, interdictions administratives).

21. Qu'est-ce que la motion de censure ?

La **motion de censure** permet à l'Assemblée nationale de **renverser le Gouvernement**. Elle doit être déposée par au moins **1/10 des députés** et adoptée à la majorité absolue (289 voix).

22. Qu'est-ce que l'article 49-3 ?

L'**article 49-3** permet au Gouvernement d'**adopter un texte sans vote**, sauf si l'Assemblée vote une motion de censure. Depuis la réforme de 2008, son usage est limité aux lois de finances et à un texte par session parlementaire.

23. Qu'est-ce qu'une commission mixte paritaire ?

Une **commission mixte paritaire (CMP)** est une instance temporaire composée à parts égales de **7 députés et 7 sénateurs**. Elle est convoquée lorsqu'un projet ou une proposition de loi a été examiné par les deux chambres et qu'un désaccord persiste.
Son rôle est de **trouver un compromis** sur un texte commun. Si la CMP échoue, le dernier mot revient généralement à l'**Assemblée nationale**, conformément à la Constitution.

24. Expliquez les institutions de la Cinquième République.

Les institutions de la **Cinquième République** (Constitution du 4 octobre 1958) sont organisées autour d'un **régime semi-présidentiel** avec une séparation souple des pouvoirs

- **Le président de la République** : chef de l'État, garant des institutions, élu au suffrage universel direct (mandat de 5 ans).
- **Le Gouvernement** : dirigé par le Premier ministre, met en œuvre les politiques publiques et gère l'administration.
- **Le Parlement** : composé de l'Assemblée nationale et du Sénat, il vote les lois et contrôle le Gouvernement.
- **Le Conseil constitutionnel** : contrôle la conformité des lois à la Constitution.
- **Le Conseil d'État et les juridictions administratives et judiciaires** : veillent au respect de la légalité.

25. Expliquez les différentes élections en France.

Les principales élections sont :

- **Présidentielles** : tous les 5 ans, au suffrage universel direct.
- **Législatives** : pour élire les députés (tous les 5 ans).
- **Sénatoriales** : renouvellement partiel des sénateurs tous les 3 ans (suffrage indirect).
- **Municipales** : tous les 6 ans, pour élire les conseils municipaux.
- **Régionales et départementales** : tous les 6 ans, pour élire les conseils régionaux et départementaux.
- **Européennes** : tous les 5 ans, pour élire les eurodéputés.

26. Qu'est-ce qu'un mode de scrutin ?

Un **mode de scrutin** est le système utilisé pour désigner les élus lors d'un vote. Il détermine **comment les voix des électeurs se traduisent en sièges**.
En France, on distingue principalement :

- **Le scrutin majoritaire** (ex. : présidentielles, législatives).
- **Le scrutin proportionnel** (ex. : européennes).
- **Les scrutins mixtes**, combinant les deux (ex. : municipales dans les villes de plus de 1 000 habitants).

27. Qu'est-ce qu'un scrutin majoritaire ?

Le **scrutin majoritaire** permet d'élire le ou les candidats ayant obtenu le plus de voix.

- **Uninominal** : un seul siège à pourvoir (ex. : présidentielles).
- **Plurinominal** : plusieurs sièges à pourvoir (ex. : départementales).
  Il peut être organisé **à un ou deux tours** (les législatives et présidentielles utilisent un système à deux tours).

28. Qu'est-ce qu'un scrutin proportionnel ?

Le **scrutin proportionnel** vise à **refléter le plus fidèlement possible le poids des différentes forces politiques**. Les sièges sont attribués proportionnellement au nombre de voix recueillies.
Il favorise le multipartisme mais peut rendre plus difficile la formation de majorités stables (exemple : élections européennes).

29. Qu'est-ce qu'un scrutin mixte ?

Les **scrutins mixtes** combinent les avantages du système majoritaire et du système proportionnel.
Exemple : **élections municipales** dans les communes de plus de 1 000 habitants :

- La moitié des sièges est attribuée à la liste arrivée en tête.
- L'autre moitié est répartie proportionnellement entre les listes ayant obtenu au moins 5 % des voix.

30. Qu'est-ce qu'un acte administratif ?

Un **acte administratif** est une décision prise par une **autorité publique** qui s'impose de manière unilatérale aux administrés. Exemple : un arrêté du maire réglementant la circulation.
Il se distingue du **contrat administratif**, qui suppose un accord entre deux parties.

31. Citez des actes unilatéraux.

- **Décrets** : actes du président ou du Premier ministre.
- **Arrêtés** : ministériels, préfectoraux ou municipaux.
- **Documents budgétaires** : budgets votés par les collectivités ou l'État.

32. Qu'est-ce qu'un contrat administratif ?

C'est un **contrat conclu entre une personne publique** (État, commune, région) et une personne privée ou publique, dans le but de gérer un service public ou réaliser des travaux.

Exemples : marché public, contrat de délégation de service public.

33. Qu'est-ce que le droit pénal ?

Le **droit pénal** fixe les comportements interdits et les sanctions applicables (amendes, prison). Il vise à **protéger la société** et à punir les auteurs d'infractions (contraventions, délits, crimes).

34. Qu'est-ce que le droit civil ?

Le **droit civil** régit les relations entre particuliers : mariage, filiation, succession, contrats, responsabilité civile. Il protège les droits des citoyens et organise la vie sociale.

35. Qu'est-ce qu'un code ?

Un **code** est un recueil de textes législatifs et réglementaires organisés par thème.
Exemples :

- **Code pénal** (infractions et peines).
- **Code civil** (droit des personnes et des biens).
- **Code de la route**.

36. Combien de signatures faut-il pour un référendum d'initiative citoyenne ?

En France, le **référendum d'initiative citoyenne (RIC)** n'existe pas encore. Le **référendum d'initiative partagée (RIP)**, introduit en 2008, nécessite le soutien de **1/5 des**

parlementaires et **1/10 des électeurs inscrits** (soit environ 4,8 millions de signatures).

37. Qu'est-ce que la loi de finances ?

La **loi de finances** fixe chaque année le **budget de l'État** : recettes (impôts) et dépenses (fonctionnement des services publics, investissements, etc.).
Les collectivités locales votent leur propre budget, indépendamment.

38. Qui peut élaborer des ordonnances ?

Le **Gouvernement** peut prendre des **ordonnances** après y avoir été autorisé par le Parlement (article 38 de la Constitution). Elles ont force de loi après ratification parlementaire.

39. Qui élabore les décrets ?

Les **décrets** sont des actes réglementaires signés par le **Premier ministre** et parfois par le **président de la République**. Ils précisent les modalités d'application des lois.

40. Qui élabore les arrêtés et les circulaires ?

Les **arrêtés** sont des actes réglementaires pris par des ministres, préfets ou maires.
Les **circulaires** sont des instructions adressées aux services administratifs pour expliquer comment appliquer les lois et règlements.

41. Qu'est-ce qu'une motion de censure ?

La **motion de censure** est un mécanisme par lequel l'Assemblée nationale peut **renverser le Gouvernement**. Deux types :

- **Spontanée** (article 49-2) : déposée par au moins 1/10 des députés.
- **Provoquée** (article 49-3) : si le Gouvernement engage sa responsabilité sur un texte et que la motion est adoptée.
  Il faut **289 voix (majorité absolue)** pour qu'elle soit adoptée.

42. Qu'est-ce que l'article 49-3 ?

L'**article 49 alinéa 3** permet au Gouvernement d'**adopter un texte sans vote**, sauf si une motion de censure est votée dans les 24 heures.
Depuis 2008, son usage est limité à **un texte par session parlementaire**, sauf pour les lois de finances et de financement de la Sécurité sociale.

Actualités

A. Gouvernement et Parlement

- La **session extraordinaire du Parlement** est déclenchée le 12 juin 2025 par un décret du président pour examiner des projets internationaux et budgétaires Critiques de la majorité parlementaire minoritaire et tension sur l'adoption du budget 2025.

- Le Premier ministre **François Bayrou** engage la responsabilité du gouvernement (article 49.3) à plusieurs reprises en février 2025 pour faire passer les lois de finances et de la Sécurité sociale, évitant le renversement du gouvernement en parvenant à maintenir l'adoption des textes malgré des motions de censure.

B. Modes de scrutin et réforme municipale

- Une **CMP (commission mixte paritaire)** réunissant députés et sénateurs échoue le 24 juin 2025 à s'accorder sur la réforme du mode de scrutin municipal à Paris, Lyon et Marseille. Le Gouvernement donne alors le **dernier mot à l'Assemblée nationale** où le texte est largement approuvé malgré l'opposition du Sénat.

- Depuis décembre 2024, le gouvernement s'ouvre à une réforme législative visant à introduire une proportionnelle partielle aux élections législatives, notamment portée par Yaël Braun-Pivet et soutenue par Emmanuel Macron et François Bayrou, bien que contestée dans sa majorité.

C. Démocratie participative et référendum

- Le Premier ministre envisage l'organisation d'un **référendum national sur le budget 2026**, pour renforcer la légitimité citoyenne face à des mesures de rigueur budgétaire contestées.

- Le **Référendum d'initiative citoyenne (RIC)** fait à nouveau l'objet de débats : une pétition ayant dépassé les **500 000 signatures** a déclenché un **débat public à l'Assemblée nationale**, relançant la revendication d'un RIC constitutionnel avec seuil abaissé.

D. Crise politique et stabilité institutionnelle

- La **crise politique 2024-2025**, marquée par une dissolution parlementaire face à une Assemblée nationale minoritaire, a conduit à une période sans gouvernement pendant deux mois avant la nomination de Barnier puis Bayrou. Le gouvernement Barnier a été renversé sur le projet de financement de la Sécurité sociale via une **motion de censure**.

E. Réformes constitutionnelles à l'étude

- En 2025, des travaux sont en cours pour inscrire dans la Constitution la **protection du climat et de la**

biodiversité. Une **convention citoyenne sur la démocratie** est proposée pour renforcer la participation directe des citoyens dans les réformes constitutionnelles.

F. Statut de la Nouvelle-Calédonie

- Le **Bougival Accord**, signé le 12 juillet 2025, prévoit la reconnaissance de la **Nouvelle-Calédonie en tant qu'État associé à la République française**, via une réforme constitutionnelle adoptée au Parlement puis soumise à un **référendum en février 2026**.

Synthèse des évolutions institutionnelles

Thème	Évènement clé / Evolution récente
Budget & majorité	Usage multiple du 49.3 par Bayrou, sessions extraordinaires Parlementaires
Scrutin municipal et législatif	Réformes du mode de scrutin à Paris, Lyon, Marseille et débat sur proportionnelle législative
Référendum et démocratie	Projets de référendum budgétaire, discussions sur le RIC
Crise politique	Instabilité gouvernementale et motions de censure sur les retraites
Réforme constitutionnelle	Débat sur climat et démocratie participative
Outre-mer	Nouvelle-Calédonie : accord constitutionnel et référendum prévu en 2026

LA FONCTION PUBLIQUE

1. Qu'est-ce qu'un service public ?

Un **service public** est une activité d'intérêt général organisée et assurée, directement ou indirectement, par l'État, les collectivités territoriales ou des établissements publics. Son but est de **répondre aux besoins collectifs** de la population (éducation, santé, sécurité, transport…). Il se distingue par des règles spécifiques qui garantissent sa mission au service de tous.

2. Quels sont les principes du service public ?

Trois grands principes structurent l'action des services publics :

- **Égalité** : les usagers doivent être traités sans discrimination, dans des conditions identiques.
- **Continuité** : le service public doit fonctionner sans interruption, même en période de crise.
- **Mutabilité (ou adaptabilité)** : il doit évoluer pour répondre aux nouveaux besoins des usagers et aux transformations de la société.

3. Combien de fonctionnaires en France en 2025 ?

En 2025, la **fonction publique française** compte environ **5,8 millions d'agents**, répartis comme suit :

- **2,5 millions** dans la fonction publique d'État (administrations centrales, services déconcentrés, éducation nationale).

- **1,9 million** dans la fonction publique territoriale (communes, départements, régions).
- **1,3 million** dans la fonction publique hospitalière (hôpitaux, établissements médico-sociaux). Ces chiffres incluent les **contractuels** et sont régulièrement ajustés par les rapports de l'INSEE et de la DGAFP.

4. Quels sont les modes de gestion du service public ?

- **Gestion directe** : la collectivité ou l'État gère directement le service (ex. : école publique).
- **Gestion indirecte (ou délégation de service public - DSP)** : une autre personne morale (publique ou privée) assure la mission. Exemples :
    - **Établissement public** (ex. : CCAS).
    - **Entreprise privée** (ex. : entreprise chargée de l'entretien des routes).

5. Qu'est-ce qu'un établissement public ?

Un **établissement public** est une **personne morale de droit public** qui gère un ou plusieurs services publics. Il comprend :

- **Un organe délibérant** (conseil d'administration).
- **Un organe exécutif** (président ou directeur).

6. Qu'est-ce qu'un EPA ?

Un **Établissement Public Administratif (EPA)** gère des missions administratives (ex. : CNFPT, universités). Il bénéficie d'une **autonomie administrative et financière**.

7. Qu'est-ce qu'un EPIC ?

Un **Établissement Public Industriel et Commercial (EPIC)** gère une activité de nature commerciale ou industrielle, dans un cadre proche du droit privé (ex. : La Poste, RATP).

8. Quelles lois définissent le statut des fonctionnaires ?

- **Titre I** : droits et obligations des fonctionnaires (loi du 13 juillet 1983).
- **Titre II** : fonction publique d'État (loi du 11 janvier 1984).
- **Titre III** : fonction publique territoriale (loi du 26 janvier 1984).
- **Titre IV** : fonction publique hospitalière (loi du 9 février 1986).

9. Séparation du grade et de l'emploi.

- **Grade** : titre appartenant à l'agent, garantissant son statut.
- **Emploi** : poste occupé par l'agent. Ainsi, si un emploi est supprimé, l'agent conserve son grade et doit être reclassé.

10. Qu'est-ce que la rémunération indiciaire ?

La **rémunération indiciaire** est calculée selon un **indice** lié au grade et à l'échelon de l'agent.

Formule : Indice × valeur du point d'indice = traitement de base.

Depuis 2023, la valeur du point d'indice est régulièrement revalorisée pour compenser l'inflation.

11. Quelles sont les positions administratives ?

- **Activité** : exercice normal du poste.
- **Détachement** : exercice dans un autre corps, cadre d'emplois ou organisme.
- **Disponibilité** : suspension temporaire sans rémunération ni droits à retraite.
- **Congé parental** : suspension pour élever un enfant, avec maintien partiel des droits d'avancement et de retraite.

12. Droits des fonctionnaires.

- Liberté d'opinion et protection contre la discrimination.
- Droit à la rémunération et à la mobilité.
- Accès à son dossier, droit à la formation et aux congés.
- Protection fonctionnelle en cas de menaces ou attaques.
- Droit syndical, de grève, de participation aux instances.

13. Obligations des fonctionnaires.

- Servir l'intérêt général avec loyauté.
- Obéissance hiérarchique (sauf ordre manifestement illégal).
- Devoir de réserve, de discrétion et de neutralité.
- Secret professionnel.

- Interdiction des conflits d'intérêts et d'activités incompatibles.

14. Faute de service / Faute personnelle.

- **Faute de service** : commise dans le cadre des fonctions ; la responsabilité revient à l'administration.
- **Faute personnelle** : intention de nuire ou comportement inexcusable ; la responsabilité engage l'agent.

15. Groupes de sanctions disciplinaires.

- **1er groupe** : avertissement, blâme, exclusion jusqu'à 3 jours.
- **2e groupe** : abaissement d'échelon, exclusion de 4 à 15 jours.
- **3e groupe** : rétrogradation, exclusion de 16 jours à 6 mois.
- **4e groupe** : mise à la retraite d'office, révocation.

16. Conseil de discipline.

Instance paritaire (CAP) composée de représentants de l'administration et du personnel.
Elle est **obligatoirement saisie** pour les sanctions du 2e au 4e groupe.

17. Loi de transformation de la fonction publique (6 août 2019).

Axes principaux :

- Dialogue social plus stratégique.
- Développement des leviers managériaux.
- Simplification et transparence des procédures.
- Mobilité et accompagnement des transitions professionnelles.
- Renforcement de l'égalité professionnelle.

18. Loi 3DS (21 février 2022).

Loi de **différenciation, décentralisation, déconcentration et simplification** :

- Plus de libertés aux collectivités.
- Adaptation locale des politiques publiques.
- Simplification de la gestion administrative.

19. Cumul d'activités.

Principe : **interdiction du cumul** d'une activité publique et d'une activité privée lucrative.
Dérogations possibles : activités accessoires (enseignement, expertise, création artistique).
Contrôle renforcé par la **loi Déontologie (2016)** et la **loi de transformation (2019)**.

20. Qu'est-ce que la HATVP ?

La **Haute Autorité pour la Transparence de la Vie Publique** contrôle les départs des agents publics vers le secteur privé et les cumuls d'activités pour éviter les conflits d'intérêts.

21. Qu'est-ce que le programme Action Publique 2022 ?

Lancé en 2017, ce programme visait :

- La **numérisation** des services publics (objectif : 100 % dématérialisés).
- La **simplification** des démarches.
- La réduction des dépenses publiques de 3 points de PIB.

22. Qu'est-ce que le RIFSEEP ?

Le **RIFSEEP** (Régime indemnitaire tenant compte des fonctions, sujétions, expertise et engagement professionnel) est composé de :

- **IFSE** (indemnité de fonctions, sujétions et expertise) : mensuelle.
- **CIA** (complément indemnitaire annuel) : versé en 1 ou 2 fois par an.

23. Quelles sont les positions administratives ?

Cf. **point 11** (détail des positions).

24. Fiche de paie dans la fonction publique.

Composée de :

- Traitement indiciaire, indemnité de résidence, SFT, NBI.
- Primes et indemnités diverses.
- Remboursements de frais et avantages en nature. Depuis 2019, la **dématérialisation** des bulletins est la norme (sauf refus de l'agent).

25. Qu'est-ce que le droit à la déconnexion ?

Droit pour les agents publics de **ne pas répondre aux sollicitations professionnelles** en dehors du temps de travail. Encadré par l'**accord télétravail du 13 juillet 2021**, il vise à préserver l'équilibre vie professionnelle/vie personnelle

Actualités

A. Budget, effectifs et rémunération

- Le **budget 2026** prévoit la suppression de **3 000 postes** de fonctionnaires dès cette année, avec un objectif de **non-remplacement d'un départ à la retraite sur trois à partir de 2027.**

- **Gel du point d'indice en 2026**, ce qui signifie une stagnation du traitement indiciaire dans un contexte d'inflation persistante.

- La **masse salariale de l'État (hors pensions)** devrait croître de **1,51 % en 2025**, après des hausses plus élevées en 2023-2024.

B. Réformes de la haute fonction publique

- À partir de **janvier 2026**, la **réforme de la haute fonction publique** (grands corps de l'État) sera transposée au **versant territorial**, avec adaptation des grilles indiciaires et des logiques de promotion.

- Les **directeurs généraux des collectivités territoriales** alertent sur le risque de **déclassement professionnel** et exigent des garanties lors de cette transition.

C. Formation des hauts fonctionnaires

- Les **Instituts régionaux d'administration (IRA)** évoluent : création d'un site à **Nanterre** en 2025, dépendant de l'IRA de Lille.

- L'**Institut national du service public (INSP)**, qui remplace l'ENA, connaît une progression du nombre de candidats (environ **2 800 inscriptions en 2025**), avec un concours annuel consolidé et une formation de **14 mois** en deux phases probatoires.

D. Mobilisation, dialogue social et conditions de travail

- Annoncé en 2024, le projet de **durcissement des congés maladie** (3 jours de carence non indemnisés, maintien à 90 % du salaire au-delà) suscite une vive opposition syndicale et la menace de grèves début décembre 2024–2025.

- En réponse aux restrictions budgétaires, les **syndicats sont vent debout** contre les suppressions de postes et l'absence de revalorisation des salaires.

E. Adaptation des droits des agents

- Le **décret n° 2025-564 du 21 juin 2025** réforme la gestion des **congés annuels** dans la fonction publique, instaurant de nouvelles règles de report et d'indemnisation.

- Adaptation réglementaire concernant le **report des congés**, la revalorisation des allocations chômage et l'obligation pour l'employeur public de protéger les agents exposés à la chaleur ou au risque professionnel.

F. Réorganisation structurelle et mesures complémentaires

- Le statut de **greffier des services judiciaires** évolue : création d'un nouveau corps de cadres en janvier 2025, avec mobilisation nationale pour la reconnaissance de ces agents.

- Une refonte majeure du **statut des grands corps techniques (IPEF, Mines, INSEE, Armement)** est annoncée pour décembre 2025, alignant les grilles indiciaires sur celles des administrateurs d'État et modifiant les modalités de promotion.

Synthèse des évolutions institutionnelles

Thème	Principales évolutions
Budget et effectifs	–3 000 postes supprimés, gel du point d'indice, faible augmentation de la masse salariale
Haute fonction publique	Extension de la réforme aux collectivités territoriales, inquiétudes sur les carrières
Formation des hauts cadres	Création d'un site IRA à Nanterre, INSP attractif et renforcé
Conditions de travail	Tensions autour des congés maladie, réformes des congés annuels
Statuts professionnels	Création du corps de greffiers, reforme des grands corps techniques

LA FONCTION PUBLIQUE TERRITORIALE

LES GRANDES ÉTAPES DE LA DÉCENTRALISATION

1. Quelles sont les étapes de la décentralisation ?

La décentralisation en France s'est construite par étapes successives, appelées "actes", qui ont profondément transformé l'organisation de l'État et des collectivités :

- **Acte I – Les lois Defferre (1982-1984)**
  - **Loi du 2 mars 1982** : fin de la tutelle administrative du préfet sur les communes, départements et régions. Les collectivités deviennent de véritables **personnes morales de droit public**, dotées de la **libre administration**.
  - **Loi du 26 janvier 1984** : création du **statut de la fonction publique territoriale**, permettant aux collectivités de recruter et gérer leur personnel sous un cadre commun.
- **Acte II – La révision constitutionnelle (2003)**
  - **Loi constitutionnelle du 28 mars 2003** : la décentralisation devient un **principe constitutionnel**. Elle reconnaît la diversité des collectivités et introduit le principe de **subsidiarité** (une compétence doit être exercée au niveau le plus pertinent).
- **Acte III – La réforme territoriale (2010-2015)**

    - **Loi du 16 décembre 2010** : réforme des collectivités locales (rationalisation des structures).
    - **Loi MAPTAM du 27 janvier 2014** : **affirmation des métropoles** et renforcement du rôle des grandes agglomérations.
    - **Loi NOTRe du 7 août 2015** : nouvelle organisation territoriale de la République (**passage de 22 à 13 régions en métropole**), **suppression de la clause de compétence générale** des départements et régions.
- **Acte IV – La loi 3DS (2022)**
    - **Loi du 21 février 2022** : **différenciation, décentralisation, déconcentration et simplification**. Elle ouvre la voie à des compétences « sur mesure » pour les collectivités et renforce la déconcentration.
- **Perspectives 2025-2026 :**
    - Un projet de **"Décentralisation 2026"** est en préparation : il pourrait élargir les compétences régionales en matière de **formation et d'emploi**, transférer le **RSA aux départements** avec une logique d'insertion renforcée, et permettre davantage d'**expérimentations locales** (logement, santé).

DÉCONCENTRATION ET DÉCENTRALISATION

2. Qu'est-ce que la déconcentration ?

La déconcentration consiste à **déléguer le pouvoir de décision de l'État central à ses représentants locaux**. Les

services déconcentrés (préfectures, directions régionales, services départementaux) appliquent les décisions prises au niveau national.
Elle permet de rapprocher l'État des citoyens **sans pour autant lui retirer ses compétences**. Les préfets incarnent cette présence locale, agissant sous l'autorité des ministres.

3. Qu'est-ce que la décentralisation ?

La décentralisation consiste à **transférer des compétences et des moyens à des collectivités territoriales** (communes, départements, régions) qui **s'administrent librement**.
Il existe deux formes de décentralisation :

- **Décentralisation territoriale** : transfert de compétences à des **collectivités élues** (communes, départements, régions).
- **Décentralisation fonctionnelle** : transfert à des **établissements publics** (ex. universités, hôpitaux), dotés d'une personnalité morale et d'une autonomie de gestion.

La décentralisation implique une **autonomie décisionnelle, juridique et financière**.

RÔLE DE L'ÉTAT ET CONTRÔLE

4. Quels sont les rôles des préfets ?

Le préfet est le **représentant de l'État dans le département ou la région**. Ses missions principales sont :

- **Représentation de l'État** : incarner l'autorité de l'État sur le territoire.

- **Sécurité des personnes et des biens** : direction des services de police et de gendarmerie.
- **Contrôle de légalité** : vérifier la conformité des actes des collectivités aux lois.
- **Gestion administrative** : délivrance des titres (cartes d'identité, permis de conduire, etc.).
- **Développement économique** : coordination des politiques publiques locales.
- **Cohésion sociale** : lutte contre les exclusions et intégration des populations.

5. Qu'est-ce que le contrôle de légalité ?

Depuis 1982, le préfet n'a plus le pouvoir d'annuler directement un acte des collectivités. Désormais, il exerce un **contrôle a posteriori** :

- Il peut saisir le **tribunal administratif** via un **déféré préfectoral** dans un délai de 2 mois si un acte est jugé illégal.
- Un particulier peut aussi saisir le préfet pour lui demander d'agir (**déféré provoqué**).

LES COLLECTIVITÉS TERRITORIALES

6. Qu'est-ce qu'une collectivité territoriale ?

Une **collectivité territoriale** est une **entité publique distincte de l'État**, disposant :

- D'une **personnalité morale** (elle peut posséder un patrimoine et agir en justice).
- D'un **budget autonome**.

- D'un **exécutif** (maire, président du conseil départemental ou régional).
- D'une **assemblée délibérante élue** au suffrage universel.

7. Quels sont les rôles des maires ?

Les maires ont une **double casquette** :

- **En tant qu'exécutif communal** :
  - Préparer et exécuter les décisions du conseil municipal.
  - Gérer l'administration communale.
  - Exercer le pouvoir de police municipale.
  - Représenter la commune en justice.
- **En tant qu'agent de l'État** :
  - Officier d'état civil (mariages, naissances).
  - Officier de police judiciaire.
  - Organisation des élections et du recensement.

8. Quelles sont les compétences des communes ?

- **État civil** : tenue des registres.
- **Ordre public** : police municipale.
- **Urbanisme** : délivrance des permis de construire.
- **Voirie** : entretien des routes communales.
- **Éducation** : gestion des écoles primaires.
- **Services de proximité** : eau, assainissement, déchets.

9. Quel est le rôle du conseil municipal ?

Le conseil municipal **règle les affaires de la commune**. Il :

- **Vote le budget**.
- **Crée des services publics communaux**.
- **Élabore le plan local d'urbanisme (PLU)**.
- **Élit le maire et les adjoints**.

10. Quelles sont les compétences des régions ?

- **Développement économique** : soutien aux entreprises.
- **Formation professionnelle** : apprentissage et alternance.
- **Éducation** : construction et entretien des lycées.
- **Transports** : TER, cars régionaux.
- **Aménagement du territoire et environnement**.

11. Quel est le rôle du conseil régional ?

Assemblée élue qui **vote le budget**, planifie les projets régionaux, et **contrôle l'action du président**.

12. Quels sont les rôles du président du conseil régional ?

- **Préparer et exécuter les délibérations** du conseil régional.
- **Chef de l'administration régionale**.
- **Ordonnateur des dépenses** et responsable des recettes.
- **Représenter la région** dans les actes juridiques et en justice.

13. Quelles sont les compétences des départements ?

- **Action sociale** : RSA, aide aux personnes âgées et handicapées.
- **Éducation** : construction et entretien des collèges.
- **Voirie** : routes départementales.
- **Protection civile** : gestion des SDIS (pompiers).
- **Culture et patrimoine**.

14. Quel est le rôle du conseil départemental ?

Assemblée délibérante qui **vote le budget**, définit la politique départementale et **contrôle l'action du président**.

15. Quels sont les rôles du président du conseil départemental ?

- Exécuter les délibérations du conseil.
- Chef des services départementaux.
- Ordonnateur des dépenses.
- Représenter le département.

LES INTERCOMMUNALITÉS ET LES MÉTROPOLES

16. Qu'est-ce qu'une métropole ?

Une **métropole** est un **Établissement Public de Coopération Intercommunale (EPCI)** à fiscalité propre.
Elle regroupe plusieurs communes formant un ensemble d'au moins **400 000 habitants** (exceptions possibles pour les grandes villes et chefs-lieux de région).
Objectifs :

- Élaborer et mettre en œuvre un **projet commun de développement** économique, social, écologique et culturel.
- Gérer des **services publics mutualisés** (transports, eau, assainissement, déchets).
- Planifier l'**aménagement du territoire** au niveau de l'agglomération.

Cas particuliers :

- **Métropole du Grand Paris** et **Métropole Aix-Marseille-Provence** (statut spécifique).
- **Métropole de Lyon** : statut unique, elle cumule les compétences d'une intercommunalité et celles du département sur son territoire.

17. Quelles sont les compétences d'une métropole ?

La métropole exerce, **en lieu et place des communes membres**, des compétences obligatoires :

- **Développement économique** : création et gestion des zones d'activités, soutien à l'innovation.
- **Urbanisme** : élaboration des plans locaux d'urbanisme (PLU), création de zones d'aménagement concerté (ZAC).
- **Habitat** : politique du logement, programmes de rénovation urbaine.
- **Transports** : organisation des transports urbains, entretien de certaines routes.
- **Services publics locaux** : eau, assainissement, collecte et traitement des déchets.

Elle peut aussi exercer, par **convention**, des compétences déléguées par l'État, la région ou le département (par exemple : gestion des collèges, action sociale).

18. Qu'est-ce qu'un EPCI ?

Un **Établissement Public de Coopération Intercommunale (EPCI)** est une structure administrative qui regroupe plusieurs communes afin de **mutualiser leurs moyens** et d'exercer certaines compétences en commun.

Types d'EPCI à fiscalité propre :

- **Communautés de communes** (≥ 15 000 habitants).
- **Communautés d'agglomération** (≥ 50 000 habitants autour d'une ville centre de 15 000 hab.).
- **Communautés urbaines** (≥ 250 000 habitants).
- **Métropoles** (≥ 400 000 habitants).

Types d'EPCI sans fiscalité propre :

- **SIVU** (syndicat intercommunal à vocation unique).
- **SIVOM** (syndicat intercommunal à vocation multiple).

Chaque EPCI dispose d'un **conseil intercommunal** et d'un président.

19. Quelles sont les compétences des EPCI ?

Compétences obligatoires (varient selon le type d'EPCI) :

- **Aménagement de l'espace** : plans locaux d'urbanisme intercommunaux (PLUi).
- **Développement économique** : zones d'activités, soutien aux entreprises.
- **Gestion des services publics** : eau, assainissement, collecte des déchets, voirie.

- **Politique de la ville** : prévention de la délinquance, rénovation urbaine.

Compétences optionnelles :

- Culture, sport, tourisme, gestion d'équipements publics, réseaux numériques, etc.

Compétences facultatives :

- Celles choisies librement par les communes membres (exemple : action sociale, crèches intercommunales).

LES ÉTABLISSEMENTS PUBLICS LOCAUX

20. Qu'est-ce qu'un EPL ?

Un **Établissement Public Local (EPL)** est une structure créée par une collectivité (ou plusieurs) pour **gérer un service ou un projet d'intérêt général**.

Deux types d'EPL :

- **EPA** : Établissement Public Administratif (exemple : un centre communal d'action sociale).
- **EPIC** : Établissement Public Industriel et Commercial (exemple : une régie de transport urbain).

Ils disposent :

- D'un **conseil d'administration** (organe délibérant).
- D'un **directeur**.
- D'une **autonomie administrative et financière**.

21. Quelles sont les compétences d'un EPL ?

Les EPL couvrent de nombreux domaines :

- **Action sociale** : centres communaux ou intercommunaux d'action sociale (CCAS/CIAS).

- **Éducation** : établissements publics locaux d'enseignement (EPLE).
- **Aménagement** : établissements publics fonciers (EPF), établissements publics d'aménagement (EPA).
- **Sécurité** : services départementaux d'incendie et de secours (SDIS).
- **Gestion de services** : régies (eau, assainissement, transport, énergie).

Leur mission : assurer la **continuité du service public** dans leur domaine de compétence.

LES ORGANISMES DE LA FONCTION PUBLIQUE TERRITORIALE

22. Quels sont les organismes nationaux de la fonction publique territoriale ?

- **CCFP** : Conseil Commun de la Fonction Publique → avis sur les questions communes aux trois fonctions publiques (État, territoriale, hospitalière).
- **CSFPT** : Conseil Supérieur de la Fonction Publique Territoriale → avis sur les questions spécifiques à la FPT.
- **CNFPT** : Centre National de la Fonction Publique Territoriale → formation et organisation des concours de catégorie A+.
- **CDG** : Centres Départementaux de Gestion → organisation des concours, accompagnement juridique et gestion des carrières pour les petites collectivités.

23. Quels sont les organes locaux de participation ?

- **CAP (Commissions Administratives Paritaires)** :
  - Composées de représentants de l'administration et du personnel.
  - Traitent les **questions individuelles** (promotion, mobilité, sanctions disciplinaires).
- **CST (Comités Sociaux Territoriaux)** :
  - Nés de la fusion des anciens CT (Comités Techniques) et CHSCT (Hygiène, sécurité).
  - Travaillent sur l'**organisation du travail**, la **santé et la sécurité** des agents.

STATUT ET ORGANISATION DE LA FPT

24. Quelles sont les filières de la fonction publique territoriale ?

Il existe **10 filières** regroupant **53 cadres d'emplois** :

- Administrative.
- Technique.
- Culturelle.
- Sportive.
- Animation.
- Police municipale.
- Sapeurs-pompiers professionnels.
- Médico-technique.
- Médico-sociale.
- Sociale.

Chaque filière comprend des **grades** répartis en **catégories A, B, C**.

25. Qu'est-ce que le CNFPT ?

Le **Centre National de la Fonction Publique Territoriale** est un **établissement public national**.

Missions principales :

- **Formation** des agents territoriaux.
- **Observation** des métiers et évolution des besoins.
- **Organisation des concours** des cadres d'emplois de catégorie A+.

Il fonctionne grâce à **29 délégations régionales**, pour être au plus proche des collectivités.

26. Qu'est-ce que le CDG ?

Les **Centres de Gestion** sont des établissements départementaux qui assistent les collectivités :

- **Organisation des concours** (hors A+).
- **Publicité des créations et vacances d'emplois**.
- **Prise en charge des fonctionnaires privés d'emploi**.
- **Accompagnement juridique et statutaire**.
- **Mise à disposition de référents déontologues**.

27. Qu'est-ce que la libre administration des collectivités ?

Principe constitutionnel (article 72 de la Constitution) : les collectivités **s'administrent librement** par des **conseils élus**, dans le cadre des lois.

En pratique :

- Elles gèrent leur **budget**.
- Elles organisent leurs **services publics**.

- Elles exercent les **compétences qui leur sont attribuées**.

28. Catégorie, corps, cadre d'emplois, grade et échelon : quelles différences ?

- **Catégorie** : niveau de recrutement (A = bac +3, B = bac, C = CAP/BEP).
- **Cadre d’emplois** : ensemble des agents soumis aux mêmes règles.
- **Corps** : terme utilisé dans la fonction publique d’État (équivalent du cadre d’emplois).
- **Grade** : position dans le cadre d’emplois (exemple : attaché territorial).
- **Échelon** : progression indiciaire dans le grade (impacte le salaire).

29. Qu’est-ce que le CGCT ?

Le **Code Général des Collectivités Territoriales** regroupe l’ensemble des **règles législatives et réglementaires** qui organisent :

- Le fonctionnement des collectivités.
- Leurs compétences.
- Leur régime budgétaire et financier.

Actualités

1. Réformes réglementaires et codification

- **Code général de la fonction publique (CGFP)** : La **partie réglementaire** du CGFP entre en vigueur dès **1er février 2025**, codifiant et remplaçant plusieurs lois statutaires anciennes et leurs décrets associés (droit syndical, cumul d'activités, voix électronique, etc.).

2. Protection sociale complémentaire & santé au travail

- **Prévention maladie** : Depuis **1er mars 2025**, en cas de **congé maladie ordinaire**, les agents publics ne perçoivent plus que **90 % de leur traitement** pendant les trois premiers mois (au lieu de 100 %).

- **Prévoyance obligatoire** :
À partir du **1er janvier 2025**, les collectivités doivent impérativement assurer **au minimum 20 %** de la cotisation « prévoyance » (référence 35 €/mois soit 7 €). À partir du **1er janvier 2026**, la **complémentaire santé** sera également cofinancée à **50 %** (référence 30 €/mois soit 15 €).

3. Réforme de la haute fonction publique territoriale

- **Transposition de la réforme État → FPT** prévue au **1er janvier 2026**. Le Conseil supérieur de la FPT (CSFPT) s'est réuni le **9 juillet 2025** pour en discuter après plusieurs sessions annulées. Cette réforme vise à aligner les cadres supérieurs territoriaux sur ceux de l'État.

- **Critiques et réticences** des associations de directeurs généraux (SNDGCT, ADGCF, ANDCDG), qui alertent sur un risque de déclassement, une uniformisation des cadres de direction et un manque d'incitation liée aux responsabilités métiers.

4. Ressources humaines et dialogue social

- **Tensions sur les suppressions de postes** : Dans le cadre du **budget 2025–2026**, le gouvernement envisage un **non-remplacement d'un fonctionnaire sur trois à partir de 2027**, après suppression de 3 000 postes envisagée pour 2026.

- **Opposition syndicale** : Les syndicats dénoncent ces mesures comme un retour aux politiques d'austérité, pointant une dégradation des conditions de travail et du service public local.

5. Enjeux RH clés début 2025

- **Principaux défis RH** :
  Application du temps partiel modulé, généralisation de la prévoyance obligatoire, accélération de la qualité de vie au travail (QVT), télétravail, handicap, titularisation, apprentissage, et dialogue social

renforcé sous la nouvelle ministre **Laurent Marcangeli**, nommé le **26 décembre 2024**.

- **Plateforme Emploi-Collectivités** : En 2025, la CV-thèque a dépassé les **500 000 profils**, facilitant le recrutement territorial et l'attractivité du secteur.

6. Finances, salaires et masse salariale

- **Masse salariale de l'État** : En 2025, la progression est limitée à **+1,51 %**, contre +6 % en 2024, reflétant le ralentissement des mesures générales : inflation, Smic, etc.

- **Érosion du pouvoir d'achat** : Malgré des revalorisations salariales, les salaires réels ont baissé en 2022 avec une inflation élevée, affectant toutes les fonctions publiques, y compris territoriale.

7. Perspectives et visions stratégiques

- Une **réflexion à horizon 2050** est engagée pour anticiper les évolutions des métiers, la fidélisation des agents, l'attractivité et les transformations démographiques.

- Un **rapport de mission à l'été 2024** a évalué le surcoût des normes et l'enchevêtrement des compétences entre État et collectivités (7,5 Md €), proposant des pistes pour simplifier et optimiser l'organisation territoriale (fusion de compétences, rationalisation, etc.).

Synthèse des principaux sujets (fonction publique territoriale)

Thème	Échéance principale	Enjeux clés
CGFP	1er fév 2025	Codification, droit syndical, vote électronique
Protection sociale	Janv 2025-Janv 2026	Prévoyance obligatoire, santé complémentaire
Maladie	1er mars 2025	Indemnisation limitée à 90 % en CMO
Réforme haute FPT	1er janv 2026	Harmonisation État ↔ territoriale
RH & recrutement	début 2025	Télétravail, QVT, dialogue social
Finances & salaires	PLF 2025-2026	Contention des dépenses et pouvoir d'achat
Organisation territoriale	2024-2025	Simplification des compétences locales

DROIT PUBLIC, ADMINISTRATIF ET CONSTITUTIONNEL

1. Qu'est-ce qu'une Constitution et pourquoi est-elle essentielle dans un régime démocratique ?

La Constitution est **la norme suprême de l'État**, qui définit :

- **L'organisation des pouvoirs publics** (exécutif, législatif, judiciaire).
- **Les droits et libertés fondamentaux** des citoyens (liberté d'expression, égalité, suffrage universel…).
- **Le fonctionnement des institutions et la séparation des pouvoirs**, garantissant un équilibre entre eux.

Rôle dans un régime démocratique :

- Elle **garantit l'État de droit** et prévient les dérives autoritaires.
- Elle **protège les droits et libertés fondamentaux**.
- Elle **assure la stabilité politique et institutionnelle**.

Exemples :

- En France, la **Constitution de 1958** instaure un régime semi-présidentiel.
- Aux États-Unis, la **Constitution de 1787** met en place un régime présidentiel avec séparation stricte des pouvoirs.

2. Quelles sont les caractéristiques de la Déclaration des Droits de l'Homme et du Citoyen (DDHC) de 1789 et son influence sur les Constitutions françaises ?

Adoptée le **26 août 1789** par l'Assemblée nationale constituante, la DDHC s'inspire des **Lumières** et marque la rupture avec l'Ancien Régime.

Principes clés :

- **Égalité** devant la loi et fin des privilèges (Art. 1).
- **Souveraineté nationale** : le pouvoir appartient au peuple (Art. 3).
- **Libertés fondamentales** : expression, opinion, presse, propriété (Art. 4 et 11).
- **Séparation des pouvoirs** (Art. 16).

Influence sur les Constitutions françaises :

- **1791** : création d'une monarchie constitutionnelle.
- **1848** : renforcement des droits sociaux et abolition de l'esclavage.
- **1946 et 1958** : intégration de la DDHC dans le préambule, lui conférant une valeur constitutionnelle.

3. Quels sont les principes fondamentaux de la Constitution de 1946 et en quoi marque-t-elle une rupture ?

La **Constitution de 1946**, adoptée après la Seconde Guerre mondiale, fonde la **Quatrième République** et traduit la volonté de bâtir un **État démocratique et social**.

Principes fondamentaux :

- **Renforcement du Parlement** : régime parlementaire avec un exécutif affaibli.
- **Droits économiques et sociaux** : droit au travail, santé, éducation.
- **Égalité hommes-femmes** (le droit de vote des femmes, acquis en 1944, est consolidé).
- **Décolonisation progressive** et création de l'**Union française**.

Rupture avec les régimes précédents :

- Par rapport à la **IIIe République** : intégration des droits sociaux.
- Par rapport au **régime de Vichy** : retour aux principes démocratiques et suppression des lois discriminatoires.
- Mais : **instabilité ministérielle chronique** liée à un exécutif faible.

4. Pourquoi la Constitution de 1958 a-t-elle été adoptée et quelles sont ses innovations ?

La **Constitution de 1958**, fondatrice de la **Cinquième République**, répond à la crise politique de la IVe République (instabilité, guerre d'Algérie).
Innovations majeures :

Renforcement du pouvoir exécutif :

- Le **Président de la République devient central** : nomination du Premier ministre, dissolution de l'Assemblée, recours au référendum (Art. 11), pouvoirs exceptionnels (Art. 16).

Rationalisation du parlementarisme :

- Limitation des motions de censure (Art. 49 al. 3).
- Réduction du rôle du Parlement dans les lois budgétaires et législatives.

Référendum et démocratie directe :

- Introduction du **référendum législatif** (Art. 11).
- Création du **Conseil constitutionnel** pour contrôler la conformité des lois.

Modernisation :

- Décentralisation (lois Defferre de 1982).
- Création de la **Communauté française** pour accompagner la décolonisation.

5. Quelles sont les évolutions majeures de la Constitution de 1958 ?

Depuis 1958, **plus de 24 révisions** ont modernisé la Constitution.

Réformes clés :

- **1962** : élection du Président au **suffrage universel direct**.
- **1974** : saisine du Conseil constitutionnel par **60 parlementaires**.
- **2000** : passage du mandat présidentiel à **5 ans** (quinquennat).
- **2008** : réforme majeure (Sarkozy) :
  - Renforcement du rôle du Parlement.
  - Limitation à **deux mandats consécutifs** pour le Président.

- Introduction de la **Question Prioritaire de Constitutionnalité (QPC)** : tout citoyen peut contester une loi.

Conséquences :

- Meilleure protection des droits fondamentaux.
- Modernisation des institutions.
- Stabilité accrue, mais critiques sur l'**hyperprésidentialisme**.

6. Qu'est-ce qu'un régime semi-présidentiel ?

Un régime semi-présidentiel est **hybride**, combinant :

- **Un Président élu au suffrage universel** avec des pouvoirs forts.
- **Un gouvernement responsable devant le Parlement** (qui peut le renverser par motion de censure).

Différence avec un régime présidentiel (USA) : le gouvernement reste responsable devant le Parlement. **Différence avec un régime parlementaire (Royaume-Uni) :** le Président conserve un rôle central.

7. Quelles sont les caractéristiques du régime semi-présidentiel français ?

- **Un Président puissant :**
  - Chef de l'État et garant des institutions (Art. 5).
  - Dissolution de l'Assemblée (Art. 12), pouvoirs exceptionnels (Art. 16), référendum (Art. 11).
- **Un gouvernement responsable :**
  - Dirigé par le Premier ministre, peut être renversé par l'Assemblée (Art. 49.2).
- **Possibilité de cohabitation :**

    - Si le Président n'a pas de majorité, il doit nommer un Premier ministre issu de la majorité parlementaire.

8. Quels sont les pouvoirs du Président de la République ?

Pouvoirs propres (sans contreseing) :

- Dissolution de l'Assemblée (Art. 12).
- Référendum (Art. 11).
- Pouvoirs exceptionnels (Art. 16).
- Nomination de 3 membres du Conseil constitutionnel (Art. 56).

Pouvoirs partagés (avec le gouvernement) :

- Nomination du gouvernement (Art. 8).
- Présidence du Conseil des ministres (Art. 9).
- Promulgation des lois (Art. 10).
- Droit de grâce (Art. 17).

En **cohabitation**, il se concentre sur la diplomatie et la défense.

9. Comment fonctionne la cohabitation ?

- **Quand ?** : Quand le Président appartient à un parti minoritaire à l'Assemblée.
- **Effet :**
    - Le Premier ministre dirige la politique intérieure.
    - Le Président conserve un rôle prépondérant en matière de diplomatie et de défense.

10. Quels sont les avantages et limites du régime semi-présidentiel ?

Avantages :

- Équilibre entre autorité et démocratie.
- Adaptabilité (Président fort ou Premier ministre prépondérant en cohabitation).
- Stabilité par rapport à la IVe République.

Limites :

- Risque d'**hyperprésidentialisme**.
- **Conflits en cohabitation**.
- **Confusion des responsabilités** (qui gouverne en cas de crise ?).

11. Qu'est-ce que le contrôle de constitutionnalité et pourquoi est-il essentiel ?

Le **contrôle de constitutionnalité** consiste à vérifier si une loi respecte la **Constitution**, norme suprême de l'État.

Objectifs :

- **Protéger l'État de droit** : empêcher l'adoption de lois arbitraires ou contraires aux principes constitutionnels.
- **Garantir les droits fondamentaux** : préserver les libertés publiques (liberté d'expression, égalité, droit au recours).
- **Assurer la hiérarchie des normes** : toute loi doit être conforme à la Constitution et au bloc de constitutionnalité.

Ce mécanisme constitue une **garantie démocratique** essentielle, car il empêche le législateur de violer les droits fondamentaux ou de dépasser ses pouvoirs.

12. Comment fonctionne le contrôle de constitutionnalité en France ?

Le contrôle est exercé par le **Conseil constitutionnel**, créé par la Constitution de 1958.
Deux types de contrôle :

- **Contrôle a priori (avant promulgation)** → *Article 61 de la Constitution* :
  - Saisine par le Président, le Premier ministre, les présidents des assemblées ou 60 députés/sénateurs.
  - Si la loi est jugée inconstitutionnelle, elle ne peut pas entrer en vigueur.

- **Contrôle a posteriori (après promulgation) → Question Prioritaire de Constitutionnalité (QPC, réforme 2008)** :
  - Tout citoyen peut contester une loi en vigueur devant un juge.
  - Si la QPC est sérieuse, elle est transmise au Conseil constitutionnel.
  - Si la loi est jugée contraire à la Constitution, elle est **abrogée**.
  -

Évolution 2025 :
- **Délais de traitement QPC raccourcis** (réforme 2024, mise en œuvre en 2025).
- **Meilleure articulation entre QPC et recours devant la Cour européenne des droits de l'homme**.

13. Quelle est l'influence du droit européen sur le contrôle de constitutionnalité en France ?

Le contrôle constitutionnel français doit tenir compte du **droit européen** :

Influence de l'Union européenne (CJUE) :

- **Primauté du droit européen** (arrêt Costa c/ ENEL, 1964).
- Possibilité pour un juge français de poser une **question préjudicielle** à la CJUE.
- Les lois françaises doivent respecter les **traités européens et directives.**

Influence de la Cour européenne des droits de l'homme (CEDH) :

- La CEDH veille au respect des droits fondamentaux (procès équitable, vie privée...).
- La France peut être condamnée si une loi viole la Convention européenne des droits de l'homme.

Conséquences :

- Le **Conseil constitutionnel intègre progressivement les normes européennes** dans ses décisions.
- La **QPC renforce la protection des droits fondamentaux**, en articulation avec la jurisprudence de la CEDH.

14. Qu'est-ce que le droit administratif et quelles sont ses principales sources ?

Le **droit administratif** régit :

- L'**organisation et le fonctionnement** des administrations.
- Les **relations entre l'administration et les citoyens**.

Sources principales :

- **Constitution et bloc de constitutionnalité** : principes fondamentaux (égalité, continuité du service public).
- **Lois et règlements** : textes votés par le Parlement ou pris par le gouvernement.
- **Jurisprudence administrative** : décisions du **Conseil d'État** et des juridictions administratives.
- **Droit international et européen** : conventions, directives, traités.
- **Principes généraux du droit (PGD)** : dégagés par le juge (ex. égalité devant le service public).

15. Quel est le rôle de la Constitution et du bloc de constitutionnalité dans le droit administratif ?

Le bloc de constitutionnalité encadre l'action administrative
Il comprend :

- La **Constitution de 1958** : organisation de l'État et répartition des compétences.
- La **DDHC (1789)** : libertés fondamentales (égalité, propriété, liberté d'expression).
- Le **Préambule de 1946** : droits sociaux (travail, santé, éducation).
- La **Charte de l'environnement (2004)** : obligations écologiques.

Conséquences :

- L'administration doit **respecter ces principes** (égalité, continuité du service public…).
- Le **Conseil constitutionnel peut annuler une loi contraire** à la Constitution.

- Le **juge administratif peut écarter un acte administratif illégal**.

Exemples :

- **Décision Conseil constitutionnel, 1971, Liberté d'association** : la DDHC a pleine valeur constitutionnelle.
- **Arrêt CE, 2008, Commune d'Annecy** : la Charte de l'environnement est opposable à l'administration.

16. Quelle est la place des lois et règlements dans le droit administratif ?

Les lois et règlements fixent le cadre d'action de l'administration.

Les lois :

- **Lois organiques** : organisation des pouvoirs publics (ex. loi sur le Conseil d'État).
- **Lois ordinaires** : règles générales (ex. Code de l'urbanisme).
- **Lois de finances** : budget de l'État.
- **Lois référendaires** : adoptées par référendum (ex. loi sur le quinquennat).
- **Ordonnances** : actes du gouvernement ayant valeur législative.

Les règlements :

- **Décrets** (Président ou Premier ministre).
- **Arrêtés** (ministres, préfets, maires).
- **Circulaires** : précisent l'application des lois.

17. Quel est le rôle de la jurisprudence administrative dans l'évolution du droit administratif ?

La **jurisprudence** est une source majeure du droit administratif.

Rôle du juge administratif :

- **Interpréter les lois** et règlements.
- **Créer des principes généraux du droit** (PGD).
- **Protéger les droits des citoyens** contre les abus administratifs.

Exemples célèbres :

- **Arrêt Blanco (1873)** : responsabilité spécifique de l'administration.
- **Arrêt Nicolo (1989)** : supériorité du droit international sur les lois françaises.
- **Arrêt Duvignères (2002)** : une circulaire impérative peut être annulée si illégale.

18. Quelle est l'influence du droit international et européen sur le droit administratif ?

Article 55 de la Constitution : les traités internationaux ont une valeur **supérieure aux lois.**

Exemples d'influence :

- **Arrêt Nicolo (1989)** : le Conseil d'État accepte d'écarter une loi contraire au droit international.
- **CJUE** : peut sanctionner la France si elle ne respecte pas les directives européennes.
- **CEDH** : peut condamner la France si une loi viole les droits fondamentaux (ex. condamnation sur la garde à vue sans avocat en 2010).

Impact concret :

- Le droit administratif doit **s'aligner sur les normes européennes**.
- Les citoyens peuvent invoquer le droit européen devant le juge administratif.

19. Qu'est-ce qu'un acte administratif unilatéral et quelles sont ses caractéristiques ?

Un **acte administratif unilatéral (AAU)** est une décision prise **par l'administration** qui **s'impose aux administrés** sans leur consentement.

Caractéristiques :

- **Émanation d'une autorité administrative** : État, collectivités territoriales, établissements publics, ministres, préfets, maires…
- **Effet obligatoire** : il crée des droits ou obligations sans accord préalable.
- **Présomption de légalité** : il s'applique tant qu'il n'est pas annulé par le juge.
- **Contrôlable par le juge administratif** : via un **recours pour excès de pouvoir (REP)**.

Exemples :

- Un **arrêté municipal** interdisant la circulation dans une rue.
- Une **décision de sanction** contre un fonctionnaire.

Distinction :

- **AAU** = décision imposée (ex. permis de construire).
- **Contrat administratif** = accord entre deux parties (ex. marché public).

20. Quels sont les différents types d'actes administratifs unilatéraux ?

Les AAU se classent selon leur portée et leur objet :

1. Actes réglementaires (portée générale et impersonnelle)

- **Décrets** : pris par le Président ou le Premier ministre (ex. Code de la route).
- **Arrêtés** : pris par les ministres, préfets, maires (ex. arrêté municipal interdisant les chiens dans un parc).
- **Circulaires impératives** : instructions aux services administratifs qui créent des obligations (ex. réforme du bac).

2. Actes individuels (concerne une ou plusieurs personnes identifiées)

- **Décisions administratives individuelles** : nomination, sanction, retrait de permis.
- **Mesures de police administrative** : interdiction d'une manifestation, expulsion d'un étranger.

3. Actes d'espèce

- Actes concrets mais non réglementaires (ex. **déclaration d'utilité publique** pour construire une autoroute).

21. Quelle est la hiérarchie des actes administratifs unilatéraux ?

Les AAU doivent respecter la **hiérarchie des normes**.

Ordre de primauté :

1. **Constitution et bloc de constitutionnalité** (Conseil constitutionnel).
2. **Traités internationaux et droit européen** (CJUE, CEDH).

3. **Lois et ordonnances** (Parlement et Gouvernement).
4. **Décrets** (Président et Premier ministre).
5. **Arrêtés** (ministres, préfets, maires).
6. **Circulaires et directives** (instructions internes).

Principe :

- Un **arrêté municipal** ne peut pas contredire un **décret national**.
- Une **circulaire** ne peut pas créer de nouvelles règles contraires à la loi.

22. Comment contester un acte administratif unilatéral ?

Un administré peut contester un AAU devant le **juge administratif**.

Étapes :

1. **Recours gracieux** → Demander à l'administration de retirer ou modifier l'acte.
2. **Recours hiérarchique** → Saisir l'autorité supérieure.
3. **Recours contentieux (REP)** → Saisir le tribunal administratif pour annuler l'acte.

Motifs d'annulation :

- **Incompétence** : l'auteur n'avait pas le pouvoir de prendre l'acte.
- **Vice de forme ou procédure** : absence de motivation, défaut de consultation.
- **Violation de la loi** : l'acte contredit une norme supérieure.
- **Détournement de pouvoir** : l'acte poursuit un but étranger à l'intérêt général.

Effet : si le juge annule l'acte, il est réputé **n'avoir jamais existé**.

23. Qu'est-ce qu'un contrat administratif et en quoi diffère-t-il d'un contrat de droit privé ?

Un **contrat administratif** est un accord conclu entre une **personne publique** (État, collectivité, établissement public) et un co-contractant (public ou privé) pour remplir une **mission d'intérêt général** ou relevant du **droit public**.

Différences avec le contrat privé :

- **Objet** : mission de service public.
- **Règles applicables** : droit public, non pas Code civil.
- **Pouvoirs particuliers** : l'administration peut modifier ou résilier unilatéralement le contrat (clauses exorbitantes).

Exemples :

- **Marchés publics** (construction d'une école).
- **Délégations de service public** (gestion d'un réseau de bus par une société privée).

24. Quels sont les critères qui permettent de qualifier un contrat administratif ?

Un contrat est administratif s'il remplit **au moins un des trois critères suivants** :

1. Critère organique → **Une personne publique** est partie au contrat.

2. Critère matériel → Le contrat concerne **un service public** (ex. CE, 1956, Époux Bertin).

3. Clauses exorbitantes du droit commun → Clauses accordant à l'administration des prérogatives exceptionnelles (ex. CE, 1912, Société des granits porphyroïdes des Vosges).

25. Quelles sont les principales catégories de contrats administratifs ?

1. Les marchés publics

- Fourniture de biens, services ou travaux.
- Régis par le **Code de la commande publique**.
- Principes : liberté d'accès, égalité de traitement, transparence.

2. Les délégations de service public (DSP)

- La collectivité confie la gestion d'un service public à un privé.
- L'entreprise se rémunère sur l'exploitation du service (ex. péages, cantines).

3. Les partenariats public-privé (PPP)

- Contrats de longue durée pour financer et gérer des équipements publics.

4. Les conventions d'occupation du domaine public

- Autorisent une personne privée à exploiter un bien public (ex. kiosques, parkings).

26. Quels sont les principes fondamentaux des marchés publics et DSP ?

Les **principes de la commande publique** :

- **Liberté d'accès** → Toute entreprise peut candidater.
- **Égalité de traitement** → Interdiction du favoritisme.
- **Transparence des procédures** → Justification des choix.

Nouveautés 2025 :

- **Procédures simplifiées** pour les marchés de moins de 100 000 € (décret 2024).

- **Renforcement des clauses environnementales** (loi Climat et Résilience, application élargie en 2025).

27. Comment contester un contrat administratif ?

Recours possibles :

- **Recours en référé précontractuel** → Avant la signature, pour suspendre l'attribution.
- **Recours en annulation** → Après signature, si le contrat est illégal.
- **Recours en responsabilité** → Obtenir réparation d'un préjudice causé par le contrat.

Motifs d'annulation :

- Vice de procédure (appel d'offres irrégulier).
- Illégalité du contrat (violation du Code de la commande publique).
- Détournement de pouvoir.

28. Qu'est-ce que la responsabilité administrative et pourquoi est-elle spécifique ?

La **responsabilité administrative** est l'obligation pour l'administration de **réparer les dommages** causés à des particuliers, entreprises ou autres administrations du fait de ses actes ou de ses agents.

Spécificités :

- Elle repose sur le **droit public**, distinct du Code civil.
- Elle est jugée par les juridictions administratives.
- Elle a été consacrée par l'arrêt **Blanco (Tribunal des conflits, 1873)**, qui établit que « la responsabilité de l'État ne peut être régie par les principes du Code civil ».

Objectifs :

- Protéger les administrés contre les abus ou négligences de l'administration.
- Garantir une **réparation équitable** tout en préservant la continuité du service public.

29. Quels sont les fondements et types de responsabilité administrative ?

Fondements juridiques :

- **Article 1240 du Code civil** (ex-1382) pour les fautes.
- **Jurisprudence** : Arrêts Blanco (1873), Tomaso Grecco (1905), etc.
- **Textes spécifiques** (ex. Code de la santé publique, Code de la commande publique).

Types de responsabilité :

1. **Responsabilité pour faute** → L'administration est responsable en cas de manquement (erreur, négligence).
2. **Responsabilité sans faute** → Même sans faute, l'administration indemnise si le dommage résulte d'un risque spécial (ex. dommages liés à des travaux publics).
3. **Responsabilité pour risque** → Lorsqu'un danger particulier est imposé à un individu (ex. vaccination obligatoire avec effets secondaires graves).

30. Quels sont les cas typiques de responsabilité de l'administration ?

Responsabilité pour faute :

- **Faute simple** : erreur dans la gestion d'un service public (ex. retard d'instruction d'un dossier).
- **Faute lourde** : négligence grave, notamment dans les services de police ou de justice (ex. CE, 2007, Delorme).
- **Faute personnelle** : quand un agent commet une faute détachable de ses fonctions (ex. abus de pouvoir).

Responsabilité sans faute :

- **Dommages causés par les travaux publics** : expropriations, nuisances de chantier.
- **Dommages dus à un risque exceptionnel** : vaccination obligatoire, accidents causés par des armes détenues par la police.
- **Responsabilité pour rupture d'égalité devant les charges publiques** : indemnisation si un acte administratif affecte injustement un citoyen (ex. décision CE, 2019, Société Paris Clichy).

31. Quelles sont les conditions pour engager la responsabilité administrative ?

Pour obtenir réparation, il faut réunir **3 conditions** :

1. **Un fait générateur** → Acte ou omission de l'administration (décision, négligence, action).
2. **Un préjudice** → Dommage réel, certain, direct et personnel (matériel, moral, corporel).
3. **Un lien de causalité** → Le préjudice doit être directement causé par l'administration.

Exemple : Une commune est responsable si un accident survient à cause d'un défaut d'entretien de la voirie municipale.

32. Quelle est la procédure pour engager la responsabilité de l'administration ?

1. Réclamation préalable :
- L'administré doit adresser une **demande d'indemnisation** à l'administration responsable (obligatoire avant de saisir le juge).

2. Recours contentieux :
- Si l'administration refuse ou ne répond pas sous 2 mois, l'administré saisit le **tribunal administratif**.

3. Recours possibles :
- **Recours en indemnisation** (réparation du dommage).
- **Référé provision** (urgence : obtenir une avance sur indemnisation).
- **Recours de pleine juridiction** (le juge peut réformer la décision et fixer une compensation).

33. Quels sont les principaux contentieux administratifs ?

On distingue **4 grands types de contentieux** :

1. **Contentieux de l'annulation (excès de pouvoir)**
   - Objectif : faire **annuler un acte administratif illégal**.
   - Exemple : recours contre un arrêté préfectoral illégal.
2. **Contentieux de pleine juridiction**
   - Objectif : obtenir une **indemnisation** ou **modifier la décision**.
   - Exemple : recours contre un licenciement illégal d'un fonctionnaire.
3. **Contentieux de l'interprétation et de l'appréciation de légalité**

    - Objectif : demander au juge de **préciser l'interprétation d'un texte** ou de vérifier la légalité d'un acte.
4. **Contentieux répressif**
    - Objectif : **sanctionner** des infractions administratives (discipline, finances).
    - Exemple : révocation d'un agent public pour faute grave.

34. Quelles sont les voies de recours contre une décision administrative ?

Recours administratifs (avant le juge) :

- **Recours gracieux** → Demander à l'auteur de la décision de la modifier/retirer.
- **Recours hiérarchique** → Demander à l'autorité supérieure d'annuler la décision.

Recours contentieux (devant le juge) :

- **Recours pour excès de pouvoir (REP)** → Faire annuler un acte administratif illégal.
- **Recours de plein contentieux** → Modifier la décision et obtenir réparation.
- **Référé suspension** → Geler temporairement l'exécution d'un acte.
- **Référé liberté** → Protéger une liberté fondamentale en urgence.

35. Quelles sont les juridictions compétentes en matière de contentieux administratif ?

Le **litige avec l'administration** relève de la **juridiction administrative**.

Organisation :

- **Tribunaux administratifs (TA)** → 1er degré, jugent la majorité des litiges.
- **Cours administratives d'appel (CAA)** → 2e degré, examinent les appels des TA.
- **Conseil d'État (CE)** → Juge suprême, statue en cassation et parfois en premier ressort.
- **Tribunal des conflits** → Règle les conflits de compétence entre juge administratif et judiciaire.

Exemple :

- Contestation d'un permis de construire → **TA**.
- Appel de la décision → **CAA**.
- Pourvoi en cassation → **CE**.

Actualités

1. Réforme de la haute fonction publique territoriale

- Le Gouvernement entame la **transposition de la réforme de la haute fonction publique à la FPT**, avec une entrée en vigueur prévue **au 1er janvier 2026**.

- Lors du **Conseil supérieur de la FPT du 9 juillet 2025**, des échanges vifs ont eu lieu sur les nouvelles grilles indiciaires et conditions de rémunération des emplois administratifs supérieurs dans les collectivités de plus de 40 000 habitants.

- Près de **80 % des emplois de direction** (soit environ 2 090 postes) seront classés au niveau 4 selon le projet de réforme.

2. Décret du 24 juillet 2025

- Le **décret n° 2025-695** réorganise de manière importante le **Code général de la fonction publique**, modifiant plusieurs dispositions concernant les agents territoriaux et contractuels.

3. Évolutions réglementaires pour 2025

- Depuis le **1er mars 2025**, la rémunération en cas de **congé de maladie ordinaire (CMO)** est réduite : 90 % du traitement indiciaire (contre 100 % auparavant) pour les trois premiers mois.

- La **protection sociale complémentaire** devient obligatoire : depuis le **1er janvier 2025**, les employeurs territoriaux doivent contribuer au minimum 7 € par mois pour la prévoyance de leurs agents.

4. Budget, suppressions de postes et gel salarial

- Le **PLF 2025** prévoit la suppression de **2 201 équivalents temps plein (ETP)** dans la fonction publique d'État, dans le cadre du plan d'économie de 40 milliards d'euros.
-
- Pour 2026 et au-delà, **3 000 postes seront supprimés**, avec à partir de 2027 une règle de non-remplacement d'un départ à la retraite sur trois.

- L'**UNSA Territoriaux** critique vivement le budget 2026 et évoque une **année blanche** : absence de revalorisation salariale, gel du point d'indice, perte de pouvoir d'achat aggravée.

5. Réforme et économies dans les collectivités locales

- Les élus locaux se mobilisent pour défendre les **100 000 agents territoriaux créés depuis 2010**, jugées indispensables pour des services de proximité tels que la police municipale ou les crèches. Ils dénoncent les propositions de suppression avancées par la Cour des comptes, estimée peu réaliste.

- Le **PLF 2025** impose un **prélèvement forcé de 5 milliards d'euros sur les recettes locales**, affectant l'autonomie financière des collectivités, notamment via un gel de la TVA locale.

6. Élections professionnelles 2026

- Par arrêté daté du **2 juillet 2025**, les élections professionnelles dans les trois versants de la fonction publique sont fixées du **3 au 10 décembre 2026**, avec un vote électronique pour l'État.

7. Formation et apprentissage

- À compter **du 1er juillet 2025**, les règles relatives à la formation professionnelle pour les collectivités territoriales sont simplifiées : conventions de formation, rôle des maîtres d'apprentissage renforcé, aides harmonisées au niveau national.

Synthèse

Thème	Contenu clé (2025/2026)
Réforme statutaires	Transposition de la réforme haute fonction publique à la FPT dès janvier 2026, impact sur la hiérarchie et le régime indemnitaire.
Décrets et code de la FPT	Décret n° 2025-695 (24 juillet) réajustant des dispositions légales et statutaires.
Conditions de travail et protection sociale	Réduction des indemnités en cas de maladie, obligation de prévoyance dès janvier 2025.
Budget et effectifs	Suppression progressive de milliers de postes, gel salarial dénoncé comme un recul pour les agents territoriaux.
Autonomie des collectivités	Pressions budgétaires fortes (5 milliards prélevés), débat sur la suppression de 100 000 agents territoriaux.
Élections internes 2026	Vote professionnel du 3 au 10 décembre 2026.
Formation professionnelle	Nouvelles dispositions pour renforcer l'apprentissage et simplifier les conventions.

LA GESTION FINANCIERE ET LA COMPTABILITE PUBLIQUE

1. Qu'est-ce qu'un budget public et quel est son rôle ?

Le budget public est **un acte politique et juridique** par lequel une collectivité publique (État, collectivité territoriale, établissement public) prévoit et autorise ses **dépenses** et **recettes** pour une année donnée (exercice budgétaire). C'est à la fois :

- un **document prévisionnel** : il anticipe les recettes et dépenses ;
- un **acte d'autorisation** : seules les dépenses inscrites et votées peuvent être engagées ;
- un **outil de pilotage** : il reflète les priorités politiques de la collectivité et conditionne l'action publique.

2. Quelles sont les caractéristiques essentielles des documents budgétaires ?

Les documents budgétaires sont :

- **Obligatoires** : ils doivent être établis par toute collectivité ;
- **Prévisionnels** : ils fixent les prévisions de recettes et de dépenses ;
- **Limitatifs** : aucune dépense ne peut être réalisée au-delà des crédits votés ;
- **Contrôlés** : par les juridictions financières et les assemblées délibérantes ;
- **Normalisés** : la présentation suit des formats définis par les textes (M14, M57...).

3. Quels sont les grands principes budgétaires des finances publiques ?

Ils assurent **transparence et sincérité** de la gestion publique.

- **Annualité** : le budget s'applique sur un exercice (1er janvier – 31 décembre).
- **Unité** : toutes les recettes et dépenses sont regroupées dans un seul document.
- **Universalité** : interdiction de compenser recettes et dépenses (principe du produit brut) et de les affecter spécifiquement (non-affectation).
- **Antériorité** : le budget doit être voté avant le début de l'exercice.
- **Équilibre** : les recettes doivent couvrir les dépenses.
- **Sincérité** : le budget doit refléter fidèlement la réalité financière (prévisions prudentes).
- **Spécialité** : les crédits doivent être utilisés uniquement pour l'objet voté.

4. Quelles sont les phases d'exécution des recettes et dépenses publiques ?

Pour les dépenses :

1. **Engagement** : création d'une obligation de payer (contrat, décision).
2. **Liquidation** : calcul exact du montant à verser.
3. **Ordonnancement** : émission du mandat par l'ordonnateur.
4. **Paiement** : règlement par le comptable public.

Pour les recettes :

1. **Constatation** : établissement de la créance.
2. **Liquidation** : calcul du montant dû.

3. **Ordonnancement** : émission du titre de recettes.
4. **Recouvrement** : encaissement par le comptable public.

5. Quelles sont les étapes du cycle budgétaire d'une collectivité publique ?

- **Débat d'orientation budgétaire (DOB)** : dans les 2 mois précédant le vote du budget.
- **Vote du budget primitif (BP)** : au plus tard le 15 avril (ou 31 mars pour les communes de plus de 3 500 habitants).
- **Exécution du budget** : engagement et paiement des dépenses / encaissement des recettes.
- **Budget supplémentaire (BS)** : reprend les résultats de l'exercice précédent et ajuste les crédits.
- **Décisions modificatives (DM)** : ajustements en cours d'année.
- **Compte administratif (CA)** : bilan de l'exécution budgétaire voté par l'assemblée.

6. Quelle est la différence entre l'ordonnateur et le comptable public ?

- **L'ordonnateur** : décide et engage les dépenses, constate les recettes. Il n'a pas accès aux fonds publics. Ex. : maire, président de département.
- **Le comptable public** : seul habilité à manipuler les fonds publics. Il contrôle la régularité des opérations et assume une **responsabilité personnelle et pécuniaire**.

7. Qu'est-ce qu'un budget supplémentaire et une décision modificative ?

- **Budget supplémentaire (BS)** : adopté après le vote du compte administratif, il reprend les résultats de l'année précédente et ajuste le budget.
- **Décision modificative (DM)** : rectification ponctuelle du budget primitif en cours d'exercice (ex. pour intégrer une subvention non prévue).

8. Quelles sont les juridictions chargées du contrôle des finances publiques ?

- **Cour des comptes** : contrôle l'exécution du budget de l'État et des collectivités.
- **Chambres régionales des comptes** : contrôlent les collectivités territoriales.
- **Cour de discipline budgétaire et financière** : sanctionne les fautes graves de gestion.

9. Qu'est-ce que la distinction AP-CP ?

- **Autorisations de programme (AP)** : crédits prévisionnels autorisant des engagements de dépenses pluriannuels (ex. construction d'un lycée).
- **Crédits de paiement (CP)** : crédits annuels permettant de payer les dépenses correspondant aux AP.

10. Quelles sont les recettes et dépenses d'une collectivité publique ?

Recettes de fonctionnement : impôts, dotations de l'État, produits des services publics, subventions.
Dépenses de fonctionnement : salaires, entretien, charges courantes.
Recettes d'investissement : emprunts, subventions d'équipement, dotations (ex. FCTVA).
Dépenses d'investissement : construction d'infrastructures, acquisition de matériel.

11. Quelle est la différence entre le compte administratif et le compte de gestion ?

- **Compte administratif (CA)** : retrace l'exécution du budget par l'ordonnateur (vision politique).
- **Compte de gestion** : établi par le comptable, il reprend les opérations comptables et sert de contrôle croisé du CA.

12. Qu'est-ce que la LOLF et en quoi a-t-elle transformé la gestion publique ?

La **Loi organique relative aux lois de finances (LOLF)**, entrée en vigueur en 2006, modernise la gestion publique.

- **Nouvelle structure budgétaire** : missions → programmes → actions.
- **Approche par résultats** : objectifs mesurables et indicateurs de performance.
- **Renforcement du rôle du Parlement** : contrôle accru sur l'efficacité des dépenses.

13. Quelles sont les limites de la LOLF ?

- Complexité accrue pour les gestionnaires.
- Qualité parfois insuffisante des indicateurs de performance.
- Difficulté à concilier performance et décisions politiques.

14. Question ajoutée – Qu'est-ce que la responsabilité personnelle et pécuniaire du comptable ?

Le comptable public répond sur ses biens propres des irrégularités ou déficits constatés dans la gestion des fonds. Il peut être déchargé s'il prouve qu'il n'est pas responsable (force majeure, faute de l'ordonnateur).

15. Question ajoutée – Qu'est-ce que la M57 et pourquoi est-elle importante ?

La **M57** est le **cadre budgétaire et comptable unique** des collectivités territoriales, généralisé depuis 2024. Elle offre plus de souplesse (gestion pluriannuelle, meilleure traçabilité) et rapproche la comptabilité locale de celle de l'État.

16. Question ajoutée – Quels sont les contrôles exercés avant, pendant et après l'exécution du budget ?

- **Contrôle a priori** : préfet (contrôle de légalité), vote des assemblées.
- **Contrôle concomitant** : comptable public (contrôle des pièces).

- **Contrôle a posteriori** : Cour des comptes et chambres régionales des comptes.

17. Qu'est-ce qu'un marché public alloti ?

Un **marché alloti** est un marché divisé en plusieurs **lots**, chacun correspondant à une partie distincte des prestations à réaliser.

- **Objectif** : favoriser l'accès des **PME et TPE** à la commande publique en leur permettant de candidater sur un ou plusieurs lots, sans devoir couvrir la totalité du marché.
- **Fondement juridique** : Code de la commande publique (art. L2113-10).
- **Exemple** : un marché de rénovation d'un lycée peut être alloti en travaux de maçonnerie, électricité, peinture, etc.

18. Quelles sont les formes d'allotissement ?

Il existe deux grands types d'allotissement :

- **Allotissement technique** : division par nature des prestations (ex. gros œuvre, plomberie).
- **Allotissement géographique** : division selon le territoire (ex. services répartis par région).

Le pouvoir adjudicateur peut justifier l'absence d'allotissement si le marché ne s'y prête pas (ex. besoin d'une coordination globale).

19. Quels sont les contrôles exercés sur les marchés publics

Les marchés publics font l'objet de plusieurs niveaux de contrôle :

- **Contrôle juridictionnel** : par le **juge administratif** (contentieux des marchés).
- **Contrôle financier** : par la **Direction Générale des Finances Publiques (DGFiP)**, qui vérifie la régularité des paiements.
- **Contrôle externe** : par la **Cour des comptes** et les **Chambres régionales des comptes**, qui analysent la légalité et la bonne utilisation des fonds publics.
- **Contrôle interne** : par les services acheteurs eux-mêmes (contrôle hiérarchique).

20. Quelles sont les règles d'exécution financière d'un marché public ?

- **Principe du service fait** : le paiement n'intervient qu'après réalisation totale ou partielle de la prestation.
- **Crédits préalablement ouverts** : les engagements financiers doivent être couverts par des crédits votés dans le budget.
- **Délais de paiement** : en principe **30 jours maximum** (50 jours pour les établissements de santé). En cas de retard, des intérêts moratoires s'appliquent automatiquement.
- **Règle de la facturation électronique** : depuis 2020, toute facture doit être transmise via le portail **Chorus Pro**.

21. Qu'est-ce qu'un accord-cadre ?

Un **accord-cadre** est un contrat conclu entre un pouvoir adjudicateur (collectivité, établissement public, État) et un ou plusieurs opérateurs économiques.

- **Objet** : fixer à l'avance les termes (prix, modalités, quantités) des futurs marchés à conclure pendant une période donnée.
- **Durée maximale** : 4 ans (sauf exceptions).
- **Types** :
  - **Accord-cadre à bons de commande** : prestations commandées au fur et à mesure selon les besoins.
  - **Accord-cadre avec marchés subséquents** : relance d'une mise en concurrence entre les titulaires pour chaque besoin.

Exemple : un accord-cadre pour la fourniture de fournitures de bureau pendant 4 ans, avec commandes régulières.

22. Pourquoi la publicité est-elle obligatoire dans les marchés publics ?

La **publicité** est un **principe fondamental de la commande publique** visant à :

- **Assurer le libre accès** à la commande publique pour tous les opérateurs économiques.
- **Garantir une concurrence réelle et loyale** entre les candidats.
- **Assurer la transparence** des procédures d'achat public.

23. Quels sont les seuils de publicité pour les marchés de fournitures et services en 2025 ?

Seuils définis par le **Code de la commande publique** (applicables au 1er janvier 2025) :

- **< 4 000 € HT** : aucune publicité obligatoire (achat direct possible).
- **De 4 000 € à 100 000 € HT** : publicité dite **"adaptée"** (choisie par le pouvoir adjudicateur, ex. affichage en mairie ou site internet).
- **De 100 000 € à 215 000 € HT** : publication obligatoire au **BOAMP** (Bulletin officiel des annonces des marchés publics) et/ou **JAL** (Journal d'annonces légales).
- **> 215 000 € HT** : publication obligatoire au **BOAMP** + **JOUE** (Journal officiel de l'Union européenne).

Conséquences :

- Plus le seuil est élevé, plus les formalités et délais de publicité sont contraignants.
- La mise en concurrence devient obligatoire au-delà de 40 000 € (seuil fixé par décret).

24. Quelles sont les sanctions en cas de non-respect des règles de publicité ?

- **Annulation du marché** par le juge administratif.
- **Condamnation de la collectivité** pour violation des principes de transparence et d'égalité d'accès.
- **Sanctions pénales** possibles en cas de favoritisme (art. 432-14 du Code pénal).

25. Question ajoutée – Qu'est-ce que le "MAPA" (Marché à procédure adaptée) ?

Le **MAPA** est une procédure d'achat simplifiée applicable aux marchés inférieurs aux seuils européens (100 000 € pour fournitures et services en 2025).

- **Souplesse** : l'acheteur choisit librement les modalités de publicité et de mise en concurrence, en respectant les principes fondamentaux (égalité, transparence).
- **Exemple** : marché de 50 000 € pour l'achat de mobilier de bureau, avec simple consultation de plusieurs prestataires.

26. Question ajoutée – Qu'est-ce qu'une délégation de service public (DSP) et en quoi diffère-t-elle d'un marché public ?

- **Marché public** : l'acheteur paie directement le prestataire.
- **DSP** : le délégataire (ex. entreprise privée) gère un service public et se rémunère principalement grâce aux **recettes des usagers** (ex. transport urbain, restauration scolaire).

27. Question ajoutée – Quels sont les délais de paiement dans les marchés publics ?

- **Délai standard** : 30 jours (État et collectivités).
- **Établissements de santé** : 50 jours.

- **Entreprises publiques** : 60 jours. En cas de dépassement, des **intérêts moratoires** sont dus automatiquement.
-

28. Qu'est-ce qu'un contrôle de légalité budgétaire ?

Le **contrôle de légalité** exercé par le préfet consiste à vérifier que les actes budgétaires d'une collectivité respectent la loi.

- Si une irrégularité est constatée, le préfet peut **déférer l'acte au tribunal administratif**.
- La **Chambre régionale des comptes** peut aussi intervenir en cas de déficit ou d'absence de vote du budget.

29. Qu'est-ce qu'un mandatement d'une dépense ?

Le **mandatement** est l'étape où l'ordonnateur **donne l'ordre au comptable de payer** une dépense.

- Il intervient après l'engagement et la liquidation.
- Le comptable ne peut payer que les mandats **réguliers** (contrôle des pièces justificatives).

30. Qu'est-ce qu'un référé précontractuel dans le cadre des marchés publics ?

Le **référé précontractuel** est une procédure d'urgence devant le juge administratif, utilisée par un candidat évincé avant la signature d'un marché.

- Il vise à **suspendre la procédure** en cas de manquement aux règles de publicité ou de mise en concurrence.
- Il doit être exercé **avant la signature du contrat**.

ACTUALITES

1. Projet de loi de finances 2025 (PLF 2025)

- **Redressement des comptes publics** : objectif de 50 milliards d'économies et réduction du déficit à 5,4 % du PIB en 2025, contre 6,1 % en 2024
- **Mesures ciblées pour les collectivités** : prélèvement obligatoire de 5 Mds € via mise en réserve (Dilico), gel de la TVA, diminution du FCTVA (taux passant à 14,85 %, suppression des remboursements sur certains postes)
- **Réaction des élus** : forte mobilisation contre cette ponction, perçue comme une attaque contre les services publics locaux et l'autonomie territoriale
- **Fonction publique** : le PLF prévoit la suppression de 2 201 ETP en 2025 (ministère de l'Éducation en tête), mais des créations sont prévues pour la Justice, l'Enseignement supérieur et les Armées

2. Projet de loi de finances 2026 (PLF 2026)

- **Nouvel effort exigé** : 5,3 Mds € d'économies demandées aux collectivités (plus du double de 2025), dans un contexte de déficit structurel à ramener sous 3 % du PIB avant 2029
- **Inquiétudes des élus et acteurs territoriaux** : avis critique sur l'absence de stratégie structurelle et le risque de fragilisation de l'investissement local

3. Conférences financières des territoires

- En **avril 2025**, un groupe de travail a été consacré à l'impact budgétaire sur les départements, suivi d'une seconde conférence prévue en **juillet 2025** pour préparer le PLF 2026

4. Réformes réglementaires et protection sociale

- **Protection sociale obligatoire** pour les agents territoriaux : dès janvier 2025, participation obligatoire des collectivités pour la prévoyance (20 % minimum), puis à partir de 2026 pour la santé (50 % de participation sur base 30 €/mois)
- Évolutions réglementaires en cours (2025) sur les indemnisations maladie dans la fonction publique territoriale

5. Code général de la fonction publique (CGFP)

- Entré en vigueur en **mars 2025**, le CGFP codifie l'ensemble des règles statutaires de la fonction publique (Etat, territoriale, hospitalière), avec actualisation continue attendue

6. Controverse sur les effectifs territoriaux

- Proposition de la **Cour des comptes** : réduction de 100 000 postes territoriaux (5,25 %) pour réaliser jusqu'à 4,1 Mds € d'économies à partir de 2030
- Les élus locaux défendent ces emplois comme nécessaires à la gestion des services de proximité (crèches, police municipale...) et dénoncent une vision purement comptable

Synthèse des enjeux actuels

Thématique	Éléments clés 2025/2026
PLF 2025 & 2026	Forte pression budgétaire sur les collectivités, effort financier croissant
Fonction publique territoriale	Suppression ciblée de postes, mais aussi créations dans certains ministères
Protection sociale agents	Mise en place progressive d'une participation obligatoire par les collectivités
Codification CGFP	Entrée en vigueur en mars 2025, clarifiant les statuts des agents publics
Gestion des effectifs territoriaux	Tensions sur la suppression massive de postes proposées par la Cour des comptes

GESTION ET MANAGEMENT PUBLIC

1. Qu'est-ce que le New Public Management (NPM) et quels sont ses objectifs ?

Le **New Public Management (NPM)** est un courant de réformes de l'administration publique, né dans les années 1980-1990 dans les pays anglo-saxons (Royaume-Uni, Nouvelle-Zélande, États-Unis), qui s'inspire des méthodes du secteur privé. Il vise à **moderniser l'action publique** et à la rendre plus performante.

Objectifs principaux :

- **Améliorer l'efficacité** des administrations et optimiser la gestion des ressources publiques.
- **Introduire une culture du résultat** grâce à des indicateurs de performance.
- **Renforcer la transparence** et la responsabilisation des gestionnaires.
- **Améliorer la qualité du service public** et la satisfaction des usagers.

Principes clés :

- **Décentralisation** et **autonomie accrue** des responsables de service.
- **Évaluation régulière des performances** avec des objectifs chiffrés.
- **Contractualisation** : engagement réciproque sur des objectifs et résultats.
- **Ouverture à la concurrence** et, dans certains cas, **externalisation** (sous-traitance, partenariats public-privé).

2. Quels sont les principes fondamentaux du NPM ?

Le NPM repose sur une logique de **résultats** et d'**efficience**, en rupture avec l'administration traditionnelle fondée sur la seule conformité aux règles.

- **Orientation performance** : passage d'une gestion centrée sur les moyens à une gestion centrée sur les résultats, mesurés par des indicateurs.
- **Responsabilisation des gestionnaires** : plus d'autonomie pour les chefs de service dans la gestion des budgets et du personnel.
- **Ouverture et concurrence** : recours au secteur privé pour certaines missions (ex. concessions, délégations de service public).
- **Réduction des coûts** : recherche d'économies par la rationalisation des structures et des effectifs.
- **Transparence et benchmarking** : publication des résultats et comparaison entre administrations pour stimuler la performance.

3. Quels sont les avantages et critiques du NPM ?

Atouts :

- Meilleure utilisation des ressources publiques et réduction des gaspillages.
- Services publics plus réactifs et adaptés aux besoins des usagers.
- Introduction d'une **culture de la performance** et d'outils de pilotage.
- Plus grande **transparence** grâce à la publication des résultats.

Critiques :

- Risque de **privatisation excessive** de missions régaliennes.
- **Pression accrue** sur les agents, pouvant dégrader leurs conditions de travail.
- Logique de **rentabilité** parfois contraire aux principes du service public.
- **Difficulté de mesurer** la performance dans certains domaines (ex. social, justice).

4. Comment le NPM a-t-il été appliqué en France ?

- **LOLF (2001)** : instaure un budget par missions et programmes, avec des indicateurs de performance.
- **RGPP (2007-2012)** : réduction des effectifs (non-remplacement d'un départ sur deux), fusions de services et mutualisations.
- **MAP (2012-2017)** : poursuite de la rationalisation et développement de la numérisation (déclarations en ligne, dématérialisation).
- **Action Publique 2022 (depuis 2017)** : simplification administrative, télétravail, digitalisation des démarches.

5. Quelles sont les évolutions récentes du NPM ?

Le modèle évolue vers une **"Nouvelle gouvernance publique" (New Public Governance)** :

- Coopération renforcée entre administrations, partenaires privés et citoyens.
- **Budgets participatifs** et consultation citoyenne en ligne.

- **Intégration des objectifs de développement durable** dans la gestion publique.
- Utilisation accrue des outils numériques et de l'**open data** pour améliorer la transparence et l'évaluation des politiques publiques.

6. Qu'est-ce que la transformation numérique de l'administration ?

La **transformation numérique** vise à utiliser les nouvelles technologies pour **moderniser les services publics** et les rendre plus accessibles, efficaces et sécurisés.

Objectifs :

- **Dématérialisation** des démarches (ex. impôts, carte grise).
- **Simplification administrative** grâce au principe "Dites-le-nous une fois".
- **Interopérabilité** entre administrations pour faciliter le partage des données.
- **Renforcement de la cybersécurité** face aux risques de cyberattaques.

Leviers :

- Plateformes uniques (service-public.fr, impots.gouv.fr).
- **Open data** et transparence des données publiques.
- Expérimentation de l'**intelligence artificielle** et de l'automatisation pour traiter les dossiers.

7. Quels sont les défis de la transformation numérique ?

Avantages :

- Démarches plus rapides, accessibles 24h/24.
- Réduction des coûts et des tâches répétitives.

- Amélioration de la transparence et de la participation citoyenne.

Défis :

- **Fracture numérique** : difficultés d'accès pour les populations âgées ou isolées.
- **Cyberattaques** : nécessité d'investir dans la sécurité.
- Risque de **déshumanisation** des services publics.
- Besoin de **former les agents** aux nouveaux outils.

8. Pourquoi la gestion des compétences est-elle essentielle dans la fonction publique ?

La gestion des compétences vise à **adapter les ressources humaines aux mutations de l'État** (numérisation, transition écologique, évolution des besoins des usagers).

Objectifs :

- Anticiper les départs à la retraite et renouveler les effectifs.
- Renforcer les compétences numériques et managériales.
- Rendre la fonction publique plus **attractive** et fidéliser les talents.
- Favoriser la **mobilité interne** et entre les trois fonctions publiques.

Outils :

- **Référentiels métiers et compétences.**
- **Entretiens professionnels annuels** pour identifier les besoins en formation.
- **Plans de formation continue** (CNFPT, INSP, IRA).

9. Quels sont les enjeux de l'évaluation des agents publics

L'évaluation permet de **mesurer les performances**, de planifier la formation et d'orienter la carrière des agents.
Outils :

- **Entretien professionnel annuel** (remplaçant la notation).
- **Tableaux d'avancement** pour les promotions.
- **Indicateurs de performance** pour les services.

Critères :

- Compétences techniques, efficacité, innovation, relationnel.
- Adhésion aux **valeurs du service public** : neutralité, intégrité, engagement.

10. Quelles évolutions pour l'évaluation et la formation ?

- Introduction d'**évaluations 360°** et auto-évaluations.
- **Développement du mentorat** et de la formation en ligne (MOOC).
- Intégration de **soft skills** (travail en équipe, leadership) dans les critères d'évaluation.

11. Quelles évolutions récentes de la protection sociale des agents ?

Depuis **2022**, l'État doit participer au financement des mutuelles des agents publics (au moins **15 €/mois**, porté progressivement à **50 % de la cotisation d'ici 2026**).
Nouveautés 2025 :

- Extension des dispositifs aux agents territoriaux (participation obligatoire des collectivités).

- Renforcement des dispositifs de **prévention des risques psychosociaux** et de soutien psychologique.

12. Quels sont les dispositifs de formation continue dans la fonction publique ?

La **formation continue** est un **droit fondamental** des agents publics, leur permettant de développer leurs compétences tout au long de leur carrière et d'accompagner les évolutions des missions de l'administration.

Principaux dispositifs :

- **Plan de formation de l'administration** : formations adaptées aux besoins du service.
- **Compte Personnel de Formation (CPF)** : crédit d'heures de formation mobilisable individuellement, désormais alimenté à hauteur de 500 € par an (800 € pour les agents les moins qualifiés).
- **Formation d'adaptation à l'emploi** : accompagnement lors d'une prise de poste, d'une mutation ou d'une promotion.
- **Préparations aux concours et examens professionnels** : soutien aux agents souhaitant évoluer dans la hiérarchie.
- **Formations prioritaires** : compétences numériques, transition écologique, management public.

Acteurs de la formation continue :

- **CNFPT** : formation des agents territoriaux (nouvelle feuille de route 2025 axée sur le numérique et la RSE).
- **INSP** (ex-ENA) : formation des hauts fonctionnaires.
- **IRA** : formation initiale et continue des attachés d'administration.
- **Écoles ministérielles** : formation interne spécialisée.

13. Comment fonctionne la mobilité et l'évolution professionnelle dans la fonction publique ?

La **mobilité** permet aux agents de changer de poste, d'administration ou de fonction afin d'enrichir leur parcours et de répondre aux besoins de l'État.

Formes de mobilité :

- **Interne** : au sein d'une même administration.
- **Inter-administrations** : passage d'un ministère à un autre (ex. rectorat → préfecture).
- **Géographique** : mutation dans une autre région ou collectivité.
- **Vers le privé** : mise en disponibilité ou détachement temporaire.
- **Entre les trois fonctions publiques** : grâce à des dispositifs comme l'intégration directe.

Outils :

- **Entretien professionnel annuel** : identification des perspectives de carrière.
- **Portail "Place de l'emploi public"** : recense toutes les offres de mobilité.
- **Détachement, mise à disposition, intégration directe** : mécanismes pour passer d'un cadre à un autre.

14. Quels sont les outils d'évaluation et de reconnaissance des compétences ?

L'évaluation des compétences **valorise le travail des agents** et sert de base pour les promotions et les évolutions de carrière.

Outils d'évaluation :

- **Entretien professionnel annuel** : principal outil d'évaluation.
- **Dossier individuel de formation** : suivi des compétences acquises.
- **Bilan de compétences** : identification des atouts et des besoins d'évolution.
- **Certifications professionnelles** : reconnaissance officielle de compétences spécialisées.

Reconnaissance des compétences :

- **Avancements de grade** et **promotions internes**.
- **Primes et indemnités** liées à la performance ou aux responsabilités.
- **Distinctions honorifiques** (médaille du travail, ordre du Mérite).

15. Quels sont les enjeux et défis de la gestion des compétences ?

Enjeux majeurs :

- Anticiper les départs à la retraite et assurer la transmission des savoirs.
- Renforcer les compétences numériques et écologiques.
- Attirer et fidéliser les talents grâce à des carrières attractives.
- Promouvoir l'inclusion et la diversité dans le recrutement.

Défis :

- **Contraintes budgétaires** limitant l'accès à certaines formations.
- **Rigidité statutaire** freinant la mobilité.
- **Inégalités territoriales** dans l'accès à la formation.

Solutions récentes :

- **Mentorat** : transmission des savoirs entre générations.
- **MOOC** et formations à distance pour toucher un plus large public.
- **Plan Compétences 2025** : augmentation du budget formation, avec un accent sur le numérique et le management public.

16. Pourquoi l'évaluation des agents est-elle essentielle ?

Elle vise à **assurer l'efficacité du service public** et à accompagner le développement professionnel des agents.
Objectifs :

- Mesurer la qualité et l'efficacité du travail fourni.
- Identifier les besoins de formation et d'accompagnement.
- Motiver les agents par une reconnaissance de leurs efforts.
- Favoriser les avancements et promotions sur des critères objectifs.

17. Quels sont les outils et critères d'évaluation des agents publics ?

Outils :

- **Entretien professionnel annuel** (depuis 2010).
- **Tableaux d'avancement** et **rapports d'activité**.
- **Indicateurs de performance** dans le cadre des objectifs de service.

Critères :

- Compétences techniques et efficacité.

- Respect des délais et qualité des missions.
- Esprit d'innovation et capacité d'adaptation.
- Respect des valeurs du service public (neutralité, intégrité).

18. Comment fonctionne l'entretien professionnel annuel et quel est son impact ?

Déroulement :

- Bilan des réalisations de l'année.
- Évaluation des compétences et fixation des objectifs.
- Identification des besoins de formation.

Impact :

- Prise en compte dans les décisions d'avancement.
- Détermination des parcours de formation.
- Possibilité de primes liées à la performance.

19. Quelles sont les conséquences d'une évaluation négative et quels recours sont possibles ?

Conséquences :

- Blocage d'avancement ou de promotion.
- Retrait de certaines primes.
- Obligation de suivre une formation corrective.

Recours :

- **Recours gracieux** auprès du supérieur.
- **Saisine de la Commission Administrative Paritaire (CAP).**
- **Recours contentieux** devant le tribunal administratif en cas de litige grave.

20. Quels sont les enjeux et perspectives de l'évaluation ?

Enjeux :

- Rendre l'évaluation plus **transparente et participative**.
- Intégrer les compétences comportementales (soft skills).

Perspectives :

- Évaluations 360° (avis des pairs et subordonnés).
- Plus grande place à l'auto-évaluation et au feedback des usagers.

21. Quels sont les principes de la protection sociale des agents publics ?

Principes :

- **Continuité de la couverture** en cas de mutation.
- **Régimes spécifiques** pour les titulaires et contractuels.
- Encouragement à adhérer à une **mutuelle labellisée**.

Composantes :

- Assurance maladie et prévoyance.
- Prise en charge spécifique des accidents du travail et maladies professionnelles.
- Régimes de retraite et aides sociales diverses.

22. Quels sont les dispositifs de couverture santé et prévoyance ?

Base :

- Prise en charge des soins via l'Assurance maladie.
- **Congés spécifiques** (CMO, CLM, CLD).

Complémentaire santé (réforme 2025) :

- Participation obligatoire de l'État et des collectivités à hauteur de **50 % des cotisations d'ici 2026**.
- Meilleure couverture en prévoyance (invalidité, décès).

Protection spécifique :

- **CITIS** (congé pour invalidité imputable au service) avec maintien de salaire.

23. Quels sont les dispositifs d'accompagnement social ?

- **Aide à l'installation (AIP)** et logements sociaux réservés.
- **Aides à la garde d'enfants** et congés parentaux.
- **Chèques-vacances** et aides aux loisirs.
- **Secours financiers exceptionnels** en cas de difficultés.

24. Quels dispositifs existent pour accompagner les agents en difficulté ?

- **RQTH** et aménagement du poste de travail.
- **Cellules de soutien psychologique** et dispositifs de médiation.
- **Accompagnement à la reconversion** via le Conseil en Évolution Professionnelle (CEP).

25. Quels sont les dispositifs de retraite et de fin de carrière

- **Fonctionnaires titulaires** : régime spécifique géré par le SRE.
- **Contractuels** : régime général (CNAV + complémentaire Agirc-Arrco).

- **Dispositifs** : temps partiel de fin de carrière, cumul emploi-retraite, pension de réversion.

26. Qu'est-ce que le télétravail dans la fonction publique et quelles sont ses règles ?

Le télétravail permet aux agents publics d'exercer tout ou partie de leurs missions à distance, depuis leur domicile ou un autre lieu agréé.
Cadre légal (décret du 11 février 2016, modifié en 2022) :

- **Jusqu'à 3 jours par semaine** (exceptionnellement plus lors de situations de crise).
- **Volontariat** : accord de l'agent et de l'administration obligatoire.
- **Prise en charge partielle des frais** : forfait télétravail (2,50 € par jour dans la limite de 220 €/an).
- **Équipements mis à disposition** : matériel informatique et assistance technique fournis par l'employeur.

Avantages : meilleure conciliation vie professionnelle/vie personnelle, réduction des déplacements.
Limites : isolement des agents, nécessité de maintenir un lien avec l'équipe.

27. Qu'est-ce que le Plan de Développement des Compétences (PDC) ?

Le **PDC** remplace le plan de formation classique. Il regroupe l'ensemble des actions de formation mises en place par l'administration pour développer les compétences des agents.
Objectifs :

- Adapter les compétences aux évolutions des métiers publics.
- Répondre aux besoins de formation identifiés lors des entretiens professionnels.
- Anticiper les changements liés au numérique, à la transition écologique ou aux réformes structurelles.

Contenu :

- Formations obligatoires (sécurité, hygiène, nouvelles réglementations).
- Formations d'adaptation aux postes et missions nouvelles.
- Formations de reconversion pour les agents dont les métiers évoluent ou disparaissent.

28. Qu'est-ce que le Conseil en Évolution Professionnelle (CEP) et à quoi sert-il ?

Le **CEP** est un dispositif d'accompagnement gratuit destiné aux agents publics pour construire ou réorienter leur parcours professionnel.

Services proposés :

- Diagnostic personnalisé des compétences et aspirations.
- Conseil sur les opportunités de mobilité et de formation.
- Accompagnement pour préparer un projet de reconversion.
- Information sur les dispositifs financiers (CPF, congé de formation).

Acteurs :

- Ministères, CNFPT (pour les agents territoriaux), Pôle emploi en cas de mobilité vers le privé.

29. Qu'est-ce que la Gestion Prévisionnelle des Emplois et des Compétences (GPEC) dans la fonction publique ?

La **GPEC** vise à anticiper les évolutions des effectifs et des compétences dans la fonction publique.

Objectifs :

- Identifier les métiers en tension ou en transformation.
- Adapter les recrutements et les formations aux besoins futurs.
- Prévenir les risques liés aux restructurations (accompagnement des agents).

Outils :

- Référentiels de compétences par filière.
- Cartographies des métiers et des besoins.
- Plans de mobilité et de reconversion.

30. Quelles sont les nouveautés 2025-2026 en matière de modernisation des RH dans la fonction publique ?

Réformes en cours :

- **Participation obligatoire de 50 %** de l'employeur public aux mutuelles santé d'ici 2026.
- **Déploiement massif de la dématérialisation RH** : bulletins de salaire numériques généralisés.
- **Création de parcours de carrière individualisés** : plus d'accompagnement pour les agents en reconversion.
- **Expérimentation des évaluations 360°** (évaluation par les pairs et usagers).
- **Nouveau plan "Compétences & Carrières 2025"** : accent sur les formations numériques et managériales.

Actualités

1. Réforme du recrutement public (Code général de la fonction publique)

À partir du **1er octobre 2025**, le **décret n° 2025-695** codifie le **Livre III** du Code général de la fonction publique, harmonisant les règles de recrutement pour les trois versants (État, territoriale, hospitalière). Cela vise à clarifier et unifier les procédures pour l'ensemble des employeurs publics

2. Rémunération en cas d'arrêt maladie

Depuis le **1er mars 2025**, le congé maladie ordinaire ne donne plus lieu à une prise en charge à 100 % du traitement indiciaire : celle-ci est désormais réduite à **90 %**, à l'exclusion des indemnités comme le supplément familial ou l'indemnité de résidence

3. Réforme de la haute fonction publique territoriale (FPT)

La réforme du statut des cadres supérieurs territoriaux sera mise en place le **1er janvier 2026**. Les syndicats alertent sur un risque de déclassement des directeurs et DGA, en raison d'une uniformisation des niveaux sans distinctions de responsabilité ou de métier

4. Suppressions de postes et maîtrise de la masse salariale

- **3 000 postes seront supprimés dès 2026** dans la fonction publique d'État, avec à partir de 2027, un objectif de non-remplacement d'un fonctionnaire sur trois partant à la retraite

- Dans le PLF 2025, une forte réduction des dépenses publiques est prévue (-20 milliards €), entraînant notamment des suppressions de postes dans l'éducation (-2 000) et le travail (-973), malgré des hausses dans la justice, la sécurité et les armées

5. Transformation de la fonction RH comme levier de transition

La **DGAFP** pilote un projet lancé en septembre 2024 pour **transformer la fonction RH au service des transitions managériale, écologique et numérique**. L'objectif est d'aboutir à des recommandations opérationnelles d'ici 2026 pour moderniser les pratiques de gestion des RH dans les administrations d'État

6. Développement de l'apprentissage dans les collectivités

Depuis **juillet 2025**, un cadre réglementaire renforce le recours à l'apprentissage en FPT : conventions simplifiées, aide financière harmonisée, et formation des maîtres d'apprentissage. L'objectif est de **doubler le nombre d'apprentis dans la fonction publique** d'ici 2027

7. Qualité de vie au travail et gestion de la santé des agents

Les collectivités mettent en place des initiatives robustes sur la **QVT**, incluant espaces de coworking, gestion du stress, télétravail, prévention des RPS. En parallèle, le décret d'avril 2025 renforce les missions des services de médecine du travail pour mieux détecter les situations à risque et formaliser des partenariats opérationnels

8. IRA et INSP : réformes de la formation des cadres

- À partir de **2025**, un **site de l'IRA** est créé à Nanterre avec un concours propre. La formation devient unique : un concours annuel, une formation de 14 mois répartie en deux phases probatoires, augmentant la taille des promotions
- L'**INSP** (ex-ENA) voit croître les candidatures (2 805 en 2025), avec un processus de sélection remodelé, moins académique et plus professionnalisant

Résumé synthétique

Thème	Nouveautés
Recrutement	Codification du recrutement inter-fonctions publiques (Livre III, décret 2025-695).
Maladie	Nouveaux taux d'indemnisation (90 %) dès mars 2025.
Apprentissage	Simplifications & aide accrue dès juillet 2025 pour la FPT.
Suppressions de postes	Environ 3 000 postes supprimés dès 2026 ; non-remplacement massif prévu en 2027.
Réforme territoriale	Transposition de la réforme de la haute FPT prévue au 1er janvier 2026.
Santé & QVT	Décret et initiatives RH renforcées autour du bien-être et des RPS.
Formation des cadres	Réorganisation des IRA et montée des candidatures à l'INSP.
Transformation RH	Projet DGAFP visant une montée en compétence RH alignée sur les transitions clefs.

LE MANAGEMENT

1. Qu'est-ce que le management ?

Le management désigne l'ensemble des méthodes et pratiques permettant de mobiliser les ressources humaines, matérielles et financières d'une organisation afin d'atteindre ses objectifs. Il englobe à la fois la **gestion opérationnelle** (optimisation des ressources) et la **dimension humaine** (motivation et coopération des équipes).

En 2025, le management s'adapte aux transformations numériques, aux enjeux de qualité de vie au travail (QVCT) et aux impératifs de transition écologique et sociale.

Les principales missions du management :

- **Fixer des objectifs** stratégiques et opérationnels.
- **Choisir les moyens** pour les atteindre.
- **Mettre en œuvre** ces moyens dans un souci d'efficacité et d'efficience.
- **Contrôler les résultats** obtenus.
- **Réguler et ajuster** les actions grâce au retour d'expérience.

En 2025, le management inclut de nouveaux défis : **accompagner les transitions (numérique, écologique, sociale), développer le télétravail et le management hybride, et intégrer l'intelligence artificielle** dans les processus de décision et de suivi.

2. Quels types de management connaît-on ?

On distingue quatre styles principaux, que les managers adaptent selon les situations et l'autonomie des équipes :

Management directif

- Orienté vers la tâche, peu centré sur la relation.
- Donne des instructions précises, planifie, contrôle.
- Peu d'explications, communication descendante.
- Adapté aux **situations d'urgence** ou aux équipes peu autonomes.

Management persuasif

- À la fois organisationnel et relationnel.
- Explique et justifie les décisions, cherche à convaincre.
- Fait participer les collaborateurs mais garde la décision finale.
- Pertinent pour **accompagner des changements ou motiver une équipe**.

Management participatif

- Très relationnel, favorise l'implication des collaborateurs.
- Encourage la **prise d'initiative** et les décisions collectives.
- Crée un climat de confiance et de coopération.
- Idéal pour les équipes créatives ou en recherche d'innovation.

Management délégatif

- Confie une large autonomie aux collaborateurs.
- Fixe les objectifs mais laisse le choix des méthodes.
- Contrôle ponctuel, soutien sur demande.

- Convient aux équipes **hautement compétentes et autonomes**.

Évolution 2025 : émergence du **management hybride** (coordination d'équipes en présentiel et à distance), du **management bienveillant** (inclusif et orienté QVCT) et du **management assisté par IA** (outils d'aide à la décision et de suivi de projet automatisé).

3. Quelles sont les étapes de la gestion de projet ?

1. **Conception** : définir les objectifs, identifier les contraintes (ressources, budget, délais).
2. **Planification** : organiser les tâches, déterminer les échéances et affecter les ressources.
3. **Exécution** : mettre en œuvre le plan, suivre l'avancement (réunions régulières, outils collaboratifs).
4. **Clôture** : finaliser le projet, livrer les résultats, vérifier la conformité aux objectifs.
5. **Bilan** : analyser les réussites et les points d'amélioration (retour d'expérience).

Actualité 2025 : généralisation des **outils de gestion de projet collaboratifs basés sur l'IA** (Asana, Monday, Notion IA), intégration des critères **RSE et de sobriété énergétique** dans la conduite des projets publics.

4. Qu'est-ce qu'un COPIL ?

Le **Comité de Pilotage (COPIL)** est une instance de gouvernance d'un projet, composée des décideurs et parties prenantes clés.

Rôles :

- Désigner le chef de projet et l'équipe.
- Définir les moyens, valider les grandes étapes.
- S'assurer que le projet reste conforme aux objectifs.
- Prendre les décisions stratégiques (ajustements, arbitrages).

Nouveauté 2025 : le COPIL inclut souvent des **référents QVCT** et **experts IA** pour intégrer les impacts humains et numériques dans la conduite des projets.

5. Qu'est-ce que le SMART ?

Le concept SMART aide à formuler des objectifs efficaces :

- **S** (Spécifique) : clairement défini.
- **M** (Mesurable) : chiffrable et quantifiable.
- **A** (Atteignable) : réalisable compte tenu des ressources.
- **R** (Réaliste) : pertinent et cohérent avec les priorités.
- **T** (Temporellement défini) : avec un délai précis.

Évolution 2025 : intégration de critères **écologiques et sociaux** (SMART+ESG) dans les objectifs des projets publics.

6. Qu'est-ce que la roue de Deming (PDCA) ?

Méthode d'amélioration continue en quatre étapes :

- **Plan** : planifier.
- **Do** : exécuter.
- **Check** : vérifier.
- **Act** : ajuster et améliorer.

Mise à jour 2025 : le PDCA est désormais utilisé dans les **plans de transformation numérique et écologique**, notamment dans les collectivités publiques.

7. Qu'est-ce qu'un diagramme de GANTT ?

Outil de planification permettant de représenter les tâches d'un projet sous forme de barres horizontales, indiquant leur durée et leur enchaînement.
Nouveauté 2025 : intégration d'outils de **Gantt dynamiques avec IA** (prévision automatique des retards, ajustement en temps réel).

8. Qu'est-ce que la matrice SWOT ?

Outil d'analyse stratégique identifiant :

- **Forces** (Strengths).
- **Faiblesses** (Weaknesses).
- **Opportunités** (Opportunities).
- **Menaces** (Threats).

Actualité 2025 : la SWOT intègre désormais les **risques climatiques et numériques** dans les menaces/opportunités.

9. Que veut dire QQOQCCP ?

Méthode de questionnement permettant de collecter des informations précises :

- **Quoi, Qui, Où, Quand, Comment, Combien, Pourquoi**.
  Utilisée pour résoudre un problème, définir un processus ou lancer un plan d'action.

10. Qu'est-ce que le 5S ?

Méthode japonaise d'organisation du travail (Toyota) visant la productivité et la qualité :

- **Seiri** (Trier).
- **Seiton** (Ranger).
- **Seiso** (Nettoyer).
- **Seiketsu** (Standardiser).
- **Shitsuke** (Suivre et améliorer).

Ajout 2025 : un **6e S (Safety)** est intégré : renforcer la sécurité des équipes et des processus.

11. Qu'est-ce que la conduite du changement ?

Ensemble de méthodes visant à **accompagner les équipes** lors d'une transformation (nouvel outil, nouvelle organisation). Elle implique d'**anticiper les résistances** et de favoriser l'adhésion.
Tendance 2025 : **conduite du changement 4.0** avec intégration de la **formation en réalité virtuelle**, du **coaching personnalisé** et d'outils d'IA pour suivre l'adhésion des équipes.

12. Que veut dire benchmarking ?

Analyse des pratiques et méthodes des organisations les plus performantes pour s'en inspirer.
Évolution 2025 : développement du **benchmarking inter-administrations** (échanges entre collectivités, ministères) et intégration des **indicateurs RSE**.

13. Comment gérer les conflits ?

Trois étapes :

- **Écoute et analyse** des faits objectivement.
- **Médiation** entre les parties, rappel des règles.

- **Solutions organisationnelles** (formation, réorganisation, mobilité).

Actualité 2025 : généralisation des **médiations numériques** et du recours à des **tiers médiateurs externes** dans les administrations.

14. Comment conduire un entretien professionnel ?

Entretien annuel conduit par le supérieur hiérarchique, portant sur :

- Résultats obtenus et objectifs futurs.
- Compétences, formation, perspectives de carrière.
- Évaluation des besoins en accompagnement.

Nouveauté 2025 : l'entretien intègre un volet **QVT (Qualité de Vie au Travail)** obligatoire et une évaluation des **compétences numériques**.

15. Qu'est-ce que la communication non violente (CNV) ?

Méthode relationnelle de Marshall Rosenberg basée sur :

- **Observation** des faits.
- **Expression des sentiments**.
- **Identification des besoins**.
- **Formulation d'une demande claire et respectueuse**.

Utilisation 2025 : intégrée dans les **formations obligatoires en gestion de conflits** pour les cadres publics.

16. Qu'est-ce que la PNL (Programmation Neuro-Linguistique) ?

Ensemble de techniques visant à **améliorer la communication, dépasser les blocages et atteindre ses**

objectifs grâce à la modélisation des comportements de réussite.
Évolution 2025 : utilisée dans les programmes de **coaching des managers publics** et dans la **formation au leadership inclusif**.

17. Qu'est-ce que le management hybride et pourquoi est-il important en 2025 ?

Le management hybride consiste à **coordonner des équipes travaillant à la fois en présentiel et à distance**. En 2025, il s'impose dans la fonction publique avec la généralisation du télétravail partiel.
Caractéristiques :

- Maintenir la cohésion malgré la distance (réunions régulières, outils collaboratifs).
- Fixer des objectifs clairs et mesurables.
- Prévenir l'isolement et favoriser le sentiment d'appartenance.

Exemple : Les collectivités mettent en place des **chartes de télétravail** et des **formations au management hybride** pour les encadrants.

18. Qu'est-ce que la QVCT et comment influence-t-elle le management ?

La **Qualité de Vie et des Conditions de Travail (QVCT)** remplace la QVT depuis 2023 et intègre de nouveaux enjeux : santé, inclusion, équilibre vie pro/vie perso.
Objectifs en 2025 :

- Réduire les risques psychosociaux (burn-out, stress).
- Favoriser l'engagement et la motivation.

- Améliorer l'attractivité des métiers publics.

Exemple : Mise en place de **cellules d'écoute psychologique** et de **dispositifs de flexibilité horaire** dans les administrations.

19. Qu'est-ce que le leadership transformationnel ?

Le **leadership transformationnel** vise à **inspirer et motiver les équipes** en donnant du sens au travail.

Caractéristiques :

- Vision claire et mobilisatrice.
- Encouragement de l'innovation.
- Valorisation individuelle des collaborateurs.

Utilisation en 2025 : Dans les projets de **transition numérique et écologique**, ce type de leadership est privilégié pour accompagner le changement.

20. Comment l'intelligence artificielle impacte-t-elle le management public ?

L'IA aide les managers en :

- **Automatisant certaines tâches** (reporting, analyse de données RH).
- **Prédisant les risques** (absentéisme, retards de projet).
- **Améliorant la prise de décision** grâce à des analyses prédictives.

Exemple : Des collectivités utilisent des outils d'IA pour **anticiper les besoins en formation et ajuster les effectifs**.

21. Qu'est-ce que la méthode Agile et comment s'applique-t-elle dans la fonction publique ?

La méthode Agile privilégie la **flexibilité, la collaboration et l'adaptation continue**.

Principes :

- Découper les projets en **petites étapes (sprints)**.
- Impliquer régulièrement les parties prenantes.
- Ajuster les priorités en cours de projet.

Exemple : Les administrations l'utilisent pour le **développement d'applications numériques publiques**.

22. Qu'est-ce que le management par objectifs (MBO) ?

Le **Management By Objectives** consiste à fixer des objectifs clairs, mesurables et partagés avec les collaborateurs.

Avantages :

- Clarifie les attentes.
- Permet d'évaluer les performances objectivement.
- Favorise l'autonomie et la responsabilisation.

Exemple : Les cadres fixent des **objectifs annuels individualisés** lors des entretiens professionnels.

23. Qu'est-ce que le management bienveillant ?

Il met l'accent sur le **respect, l'écoute et la reconnaissance** des collaborateurs.

Pratiques :

- Feedback constructif.
- Reconnaissance des réussites.
- Accompagnement personnalisé.

Exemple : Intégré dans la **stratégie RH de la fonction publique** pour améliorer le climat social et prévenir les conflits.

24. Qu'est-ce que la matrice RACI ?

La matrice RACI clarifie les **rôles et responsabilités** dans un projet :

- **R** : Responsable de l'action.
- **A** : Autorité décisionnelle (Accountable).
- **C** : Consulté.
- **I** : Informé.

Utilité : Éviter les chevauchements de missions et améliorer la coordination.

25. Qu'est-ce que la gestion prévisionnelle des emplois et des compétences (GPEC) ?

La **GPEC** anticipe les **évolutions des métiers et des compétences** pour adapter les effectifs aux besoins futurs.
Exemple : En 2025, les ministères développent des **plans de requalification** pour accompagner la transformation numérique et la transition écologique.

26. Qu'est-ce que le feedback 360° ?

C'est un **outil d'évaluation** où un agent reçoit des retours de son supérieur, de ses pairs et parfois de ses collaborateurs.
Avantages :

- Vision globale des performances.
- Amélioration de la communication et du développement professionnel.

Exemple : Introduit dans certaines administrations pour évaluer les cadres dirigeants.

27. Qu'est-ce que la culture du résultat dans le management public ?

Elle consiste à **évaluer les services publics non seulement sur les moyens mobilisés, mais aussi sur les résultats obtenus**.
Objectif : Améliorer l'efficacité, la transparence et la satisfaction des usagers.
Exemple : Publication d'indicateurs de performance pour les services municipaux.

28. Qu'est-ce que le coaching managérial ?

Accompagnement personnalisé d'un cadre pour **développer ses compétences** en communication, gestion de conflit ou leadership.
Exemple : Depuis 2025, plusieurs collectivités financent du coaching pour **préparer les managers aux réformes territoriales**.

29. Qu'est-ce que le design thinking et pourquoi est-il utilisé dans la fonction publique ?

Le **design thinking** est une méthode d'innovation centrée sur l'usager.
Étapes :

- Comprendre les besoins des citoyens.
- Concevoir des solutions créatives.
- Tester rapidement des prototypes.

Exemple : Utilisé pour **simplifier les démarches administratives** (portails en ligne, services de proximité).

30. Quelles sont les compétences clés du manager public en 2025 ?

- **Agilité** : s’adapter aux changements rapides.
- **Compétences numériques** : maîtriser les outils collaboratifs et l’IA.
- **Leadership inclusif** : fédérer des équipes diversifiées.
- **Communication efficace** : claire, bienveillante et mobilisatrice.
- **Conduite du changement** : accompagner les réformes et les transitions.

L'HYGIENE, SECURITE ET PREVENTION DES RISQUES PROFESSIONNELS

1. Quels sont les 9 principes généraux de prévention ?

Les 9 principes (C. trav. **L.4121-2**) :

1. Éviter les risques ; 2) Évaluer les risques qui ne peuvent pas être évités ; 3) Combattre les risques à la source ; 4) Adapter le travail à l'homme ; 5) Tenir compte de l'état d'évolution de la technique ; 6) Remplacer ce qui est dangereux par ce qui ne l'est pas ou l'est moins ; 7) Planifier la prévention ; 8) Donner la priorité aux protections collectives sur les individuelles ; 9) Donner les instructions appropriées aux travailleurs.

2. Qu'est-ce que le DUERP et est-il obligatoire ?

Le **Document unique d'évaluation des risques professionnels (DUERP)** est **obligatoire** pour tout employeur, y compris les collectivités. Il recense les risques, planifie les actions de prévention, est **mis à jour au moins annuellement** et **conservé 40 ans** (versions successives incluses). Transmission au service de prévention et de santé au travail à chaque mise à jour.

3. Différence entre protection collective et protection individuelle

- **EPC (prioritaires)** : protègent simultanément plusieurs agents (garde-corps, ventilation, échafaudage sécurisé, balisage).

- **EPI (complément)** : protègent un individu (casque, gants, harnais, lunettes…). Toujours après étude et mise en place des EPC. Base juridique : principes généraux + réglementation EPI (UE 2016/425).

4. Quelles sanctions en cas de non-respect de la prévention

Selon la gravité : **disciplinaires** (pour l'agent), **civiles** (réparation du dommage), et **pénales** pour l'employeur/public ou encadrants en cas de manquement caractérisé à l'obligation de sécurité (fondée sur **L.4121-1** et suivants). La notion de **faute inexcusable** peut être retenue si le risque était connu et non traité.

5. Qui est responsable dans une collectivité ?

- **Employeur public** (maire/président) : obligation de sécurité (L.4121-1).
- **Encadrement technique** (ex. technicien/chef d'équipe) : met en œuvre et contrôle.
- **CST / FSSSCT** : avis et suivi en santé-sécurité/conditions de travail (depuis **01/01/2023**).
- **Agents** : respect des consignes et port des EPI.

6. Définition et base légale du DUERP

DUERP = **Document unique d'évaluation des risques professionnels**. Base : **R.4121-1** et suivants ; conservation 40 ans (L.4121-3-1 et R.4121-4).

7. Quels risques inclure dans le DUERP ?

Tous les risques : **physiques** (chutes, manutention, bruit, vibrations), **chimiques**, **biologiques**, **RPS**, **organisationnels/conditions de travail** (horaires, températures, éclairage, ergonomie). L'exhaustivité et la traçabilité sont exigées.

8. Rôle concret du technicien (contribution DUERP)

Identifier les situations dangereuses, analyser **gravité × probabilité**, proposer des mesures (EPC/EPI, formation, procédures), informer l'équipe, **actualiser après tout changement** (procédé, équipement, organisation).

9. Où et comment mettre le DUERP à disposition ?

À disposition **sur site** (RH/Prévention) et, selon l'organisation, en **version numérique** (intranet). Accès : agents, CST/FSSSCT, SPST, inspection compétente. Conservation **40 ans** (versions antérieures incluses).

10. DUERP et accident du travail

Il sert de pièce de référence pour vérifier l'**identification** du risque et les **mesures prises** ; peut fonder la reconnaissance d'une **faute inexcusable** en cas de manquement.

11. EPI vs EPC — rappel réglementaire

- **EPC** : garde-corps, écrans antibruit, ventilations, échafaudages conformes.

- **EPI** : casques, gants, chaussures S, lunettes, harnais.
- **Priorité réglementaire aux EPC** (principe n°8), EPI conformes au **Règlement (UE) 2016/425** (marquage CE + notice + conformité).

12. Critères de conformité d'un EPI

Marquage **CE** (règlement 2016/425), EPI **adapté au risque**, **entretien/contrôles** réguliers, **gratuitement fourni** par l'employeur avec **information/formation d'usage**.

13. 4 exemples d'EPI et risques associés

Casque ↔ chutes d'objets ;
Chaussures de sécurité ↔ écrasement/perforation/glissade ;
Gants chimiques ↔ brûlures/irritations ;
Masque FFP2/FFP3 ↔ aérosols poussières/agents.
(Conformité UE 2016/425). E

14. Exemples d'EPC sur chantier communal

Garde-corps/barrières ; échafaudage conforme ; ventilation/aspiration ; **signalisation et balisage temporaires** sur voirie ; écrans antibruit. (Arrêté **24/11/1967** + Instruction interministérielle signalisation).

15. Obligations du technicien concernant les EPI

Vérifier l'adéquation/état, contrôler le **port effectif**, **sensibiliser/former**, faire respecter les consignes, signaler tout défaut pour **réparation/remplacement** rapide. (Obligation de sécurité — L.4121-1).

16. Refus de porter les EPI : conséquences

Sanctions **disciplinaires** possibles ; responsabilité de l'agent engagée en cas d'accident. L'encadrant doit **interrompre** le travail dangereux et formaliser le rappel des consignes. (Obligation générale de sécurité).

17. Signalisation réglementaire d'un chantier de voirie urbain

Annonce en amont, **balisage latéral**, dispositifs **lumineux** (notamment de nuit), limitations de vitesse, interdictions/obligations spécifiques : conformité à l'**arrêté du 24/11/1967** et à l'**Instruction interministérielle sur la signalisation routière** (dernières modifs 2025).

18. Gestion des EPC sur un chantier : obligations du technicien

Contrôler présence/état des EPC ; vérifier la **mise en place correcte de la signalisation** ; briefer les équipes ; remplacer tout matériel défectueux ; rappeler régulièrement les consignes. (Références signalisation : arrêté 1967 + IISR).
Sanction en cas de manquement : responsabilité disciplinaire et potentiellement **pénale** en cas d'accident lié à une négligence avérée (obligation de sécurité).

19. Règle de priorité des protections

Toujours **prioriser les protections collectives** avant les EPI, conformément au **principe n°8** (L.4121-2).

20. Que faire si un agent refuse un EPI obligatoire ?

Rappeler l'obligation et le **risque** ; comprendre la cause (inconfort/taillage/formation) et **corriger** ; **stopper la tâche** si le risque persiste ; **informer la hiérarchie** en vue d'une mesure disciplinaire proportionnée. (Obligation de sécurité).

21. Vérifications avant le début d'une intervention sur chantier

Le technicien doit s'assurer :

- Présence et bon état des EPC et EPI,
- Mise en place correcte de la signalisation réglementaire,
- Compréhension des consignes par l'équipe,
- Présence d'une trousse de secours et dispositif d'alerte,
- Identification et anticipation des risques dans le **DUERP.**
  Réf. : **L.4121-1** C. trav., arrêté signalisation 24/11/1967.

22. Risques prioritaires à signaler sur voirie en milieu urbain

- Circulation (collision, écrasement),
- Chutes (excavations, trappes),
- Électriques (réseaux enterrés/aériens),

- Réseaux divers (gaz, eau, télécom),
- Risques chimiques/biologiques (égouts, poussières, produits).
  Tous doivent être évalués dans le **DUERP** et traités.

23. Responsabilité en cas de défaut de signalisation ou de protections collectives

- **Employeur public** : responsabilité première,
- **Technicien/encadrant** : responsabilité en cas de négligence ou absence de contrôle,
- **Agents** : responsabilité si non-respect des consignes claires.
  Réf. : **L.4121-1 et L.4741-1** C. trav.

24. Trois objectifs de la sécurité incendie en ERP communal

1. Sécurité des personnes (évacuation, absence de victimes),
2. Limiter la propagation du feu,
3. Faciliter l'intervention des secours (accès, plans, consignes).

25. Moyens matériels obligatoires de lutte contre l'incendie

- Extincteurs adaptés (eau, poudre, CO_2),
- Systèmes d'alarme sonore et visuelle,
- Désenfumage et portes coupe-feu,
- Plans d'évacuation affichés,
- Éclairage de sécurité.
  Réf. : arrêté du **25 juin 1980** modifié (règlement sécurité ERP).

26. Réaction immédiate en cas d'incendie

- Déclencher l'alarme,
- Faire évacuer calmement,
- Appeler 18/112,
- Intervenir uniquement si le feu est maîtrisable et sans danger,
- Vérifier l'évacuation complète.

27. Rôle du technicien territorial dans la prévention incendie

- Contrôler le respect des consignes (issues libres, interdictions),
- Vérifier l'état des équipements incendie,
- Organiser des exercices d'évacuation,
- Signaler tout défaut à la hiérarchie,
- Participer à la formation des agents.

28. Fréquence de vérification des extincteurs

- **Annuellement** par un organisme agréé,
- Contrôle visuel régulier par le responsable sécurité ou technicien.

29. Risques pour une collectivité si non-respect de la sécurité incendie

- Sanctions administratives (fermeture),
- Pénales (amendes, prison en cas de blessés/décès),
- Civiles (indemnisation des victimes).

30. Classement des ERP

- **Par catégorie** : 1re (≥1501 pers.) → 5e (< seuils définis),
- **Par type** : J (personnes âgées), L (spectacles), M (magasins), N (restaurants), O (hôtels), P (salles danse/jeux), R (enseignement), S (bibliothèques), T (expo), U (santé), V (culte), W (administrations), X (sport), Y (musées), PA (plein air).

31. Commission de sécurité — rôle

Instance administrative qui vérifie la conformité incendie en ERP et émet un avis obligatoire avant ouverture, réouverture ou périodiquement. Composition : SDIS, préfecture, police/gendarmerie, collectivité, technicien spécialisé.

32. Registre de sécurité — définition

Document obligatoire en ERP retraçant les contrôles, maintenances, visites, exercices et incidents liés à la sécurité incendie.

33. Contenu du registre de sécurité

Coordonnées ERP, responsable sécurité, comptes rendus de vérifications, visites commission, attestations organismes agréés, exercices d'évacuation, incidents/anomalies et actions correctives.

34. Pourquoi est-il obligatoire ?

- Traçabilité des contrôles,
- Preuve de conformité lors des inspections,
- Outil de suivi pour maintenir la sécurité.

35. Lieu de conservation

Sur site, accessible à la commission de sécurité, pompiers, forces de l'ordre, organismes de contrôle.

36. Responsable de la tenue

Responsable légal (maire/directeur), souvent délégué au technicien sécurité ou agent dédié.

37. Définition des Risques Psychosociaux (RPS)

Risques liés aux conditions de travail affectant santé mentale/physique : stress, harcèlement, violences, changements mal gérés, isolement, manque de communication.

38. Signaux d'alerte RPS

Absentéisme répété, tensions/confits fréquents, plaintes sur la charge de travail ou reconnaissance, baisse motivation/performance, cas d'épuisement, anxiété, isolement.

39. Actions du technicien pour prévenir les RPS

Communication régulière, répartition équilibrée des tâches, clarification des missions, intervention rapide en cas de conflit, encouragement d'un climat de confiance.

40. Actions d'une collectivité pour le bien-être au travail

Formations prévention RPS, réunions d'équipe, reconnaissance du travail, amélioration de l'environnement physique, dispositifs d'écoute/médiation.

41. Responsabilité de l'employeur public face aux RPS

Obligation légale d'évaluer et prévenir les RPS (L.4121-1). Manquement = responsabilité pénale (faute inexcusable), civile et disciplinaire.

43. Plan de prévention — définition

Document obligatoire avant une opération impliquant plusieurs entités sur un même site, visant à prévenir les risques de coactivité (R.4512-6 et s.).

44. Contenu obligatoire du plan de prévention

Identification des intervenants, description des travaux, analyse des risques, mesures de prévention, consignes de sécurité, organisation des secours.

45. Responsable de son établissement

Chef d'établissement (maire/président), souvent rédigé par responsable sécurité/technicien en lien avec les entreprises intervenantes.

46. Cas d'obligation

Présence simultanée ou successive de ≥2 entreprises/services sur un même site avec risques d'interférences.

47. Durée de conservation

Pendant la durée des travaux + recommandé 5 ans après.

48. Risques en l'absence de plan de prévention

Responsabilité civile/pénale en cas d'accident, sanctions administratives (mise en demeure).

49. Principaux plans/documents qu'une commune doit posséder

- Plan communal de sauvegarde (PCS),
- PLU,
- PPR,
- DUERP,
- Plan RPS,
- Plan de prévention (coactivité),
- PAVE,
- Schéma directeur assainissement,
- Registre communal alerte/info population,

- Registre sécurité ERP,
- PCAET (pour intercommunalités > 20 000 habitants).

BATIMENT – GENIE CIVIL

1. Différence entre béton armé et béton précontraint

- **Béton armé** : béton renforcé par des armatures en acier pour résister à la traction.
- **Béton précontraint** : béton armé où les câbles d'acier sont tendus **avant** ou **après** coulage, améliorant la résistance et limitant la fissuration et les déformations.
  Réf. : NF EN 1992-1-1 (Eurocode 2).

2. Qu'est-ce qu'un DTU ?

Le **Document Technique Unifié** fixe les règles de l'art et les prescriptions techniques pour la conception et la mise en œuvre de travaux de bâtiment.
Il est utilisé comme référence contractuelle et pour la conformité aux assurances.
Depuis 2023, les DTU intègrent les évolutions environnementales (RE 2020).

3. Qu'est-ce qu'une conférence de plans sur un chantier ?

Réunion préalable de coordination entre maîtrise d'ouvrage, maîtrise d'œuvre, architectes et entreprises pour valider les plans, détecter les incohérences et anticiper les conflits techniques avant le démarrage du chantier.

4. Rôle du technicien territorial lors d'une conférence de plans

- Vérifier la compatibilité des plans avec la réalité du terrain,
- Détecter les incohérences techniques,
- Faciliter la coordination inter-métiers,
- Garantir la prise en compte des contraintes réglementaires (ERP, accessibilité, sécurité).

5. Matériaux privilégiés pour une bonne isolation thermique

- **Performants & standards** : laine de roche, laine de verre,
- **Biosourcés** : fibre de bois, ouate de cellulose (bonus RE 2020),
- **Synthétiques** : polystyrène expansé ou extrudé (performants mais impact environnemental à considérer).

6. Différence entre isolation thermique / isolation phonique

- **Thermique** : réduit les transferts de chaleur.
- **Phonique** : réduit la transmission des sons. Certains matériaux assurent les deux fonctions (ex. fibre de bois haute densité).

7. Plan pluriannuel de maintenance des bâtiments publics

Document stratégique sur 3 à 5 ans listant les interventions nécessaires sur le patrimoine bâti communal, avec priorisation selon l'état, la sécurité et l'usage.

8. Contrôles techniques réguliers sur bâtiment public

- Installations électriques & gaz (vérif. réglementaires périodiques),
- Systèmes de sécurité incendie,
- Toitures, menuiseries, étanchéité,
- Accessibilité PMR (arrêtés du 20/04/2017 et 24/09/2020).

9. Autorité délivrant le permis de construire

En général, **le maire** au nom de la commune, sauf délégation à l'intercommunalité ou compétence du préfet dans certains cas spécifiques.

10. Autorité vérifiant la sécurité incendie d'un ERP communal

Commission départementale de sécurité, sous autorité du préfet, avec participation du **SDIS**.

11. Documents obligatoires sur un chantier

- Permis de construire / autorisation de travaux,
- PGC SPS ou plan de prévention (coactivité),
- DUERP actualisé,
- Plans techniques validés,
- Registre de sécurité.

12. Suivi régulier d'un chantier par le technicien

- Visites fréquentes,

- Réunions hebdomadaires de chantier,
- Contrôle du planning,
- Mise à jour du carnet de chantier.

13. Utilisation de matériaux isolants inflammables

- Respect du classement au feu (M1 ou A2-s1,d0 pour ERP),
- Protections coupe-feu,
- Respect des prescriptions du règlement sécurité incendie ERP.

14. Définition d'un pont thermique

Zone de discontinuité de l'isolation provoquant une déperdition de chaleur. Traitement indispensable pour éviter condensation et moisissures.

15. Utilité des DTU

Garantir la conformité réglementaire, la qualité et la durabilité des ouvrages.

16. Autorité de contrôle accessibilité PMR

Commission communale/intercommunale d'accessibilité + services de l'État.

17. Isolation thermique par l'extérieur (ITE)

Pose de l'isolant sur la façade extérieure, améliorant la performance thermique et supprimant la plupart des ponts thermiques.

18. Coordination sécurité sur grands chantiers publics

Assurée par le **coordonnateur SPS** (Sécurité et Protection de la Santé) désigné par le maître d'ouvrage.

19. Critères essentiels pour la conception d'un bâtiment public

- Respect des normes (ERP, accessibilité, RE 2020, sécurité),
- Fonctionnalité,
- Durabilité & performance énergétique,
- Économie de construction et d'exploitation,
- Intégration architecturale.

20. Étapes clés d'un projet de construction publique

1. Étude de faisabilité,
2. APS / APD,
3. Autorisations administratives,
4. Consultation entreprises,
5. Réalisation,
6. Réception et levée des réserves,
7. Mise en exploitation.

21. Normes d'accessibilité ERP

- Rampes, ascenseurs, largeur des portes,
- Signalétique adaptée,
- Sanitaires accessibles,
- Espaces de manœuvre,
- Cheminements sécurisés.

22. Respect des normes incendie dans un bâtiment public

- Dispositifs de désenfumage,
- Cloisonnement coupe-feu,
- SSI (système sécurité incendie),
- Diagnostics réguliers,
- Exercices d'évacuation.

23. Points à surveiller lors de la réception des travaux

- Conformité au CCTP,
- Qualité/finitions,
- Fonctionnement installations,
- Respect normes,
- Levée des réserves.

24. Outils pour améliorer la performance énergétique

- Audit énergétique,
- ITE,
- Menuiseries performantes,
- Systèmes de chauffage efficaces,
- GTB (gestion technique du bâtiment).

25. Rôle d'un centre technique municipal

Coordonner les activités techniques, planifier les interventions, superviser la sécurité et la conformité, gérer les ressources et le parc matériel.

26. Gestion efficace des ateliers municipaux

- Planification,
- Organisation des équipes,
- Gestion des stocks,
- Contrôles sécurité,
- Formation continue.

27. Indicateurs de performance d'un centre technique municipal

- Temps moyen de résolution,
- Disponibilité des équipements,
- Suivi budgétaire,
- Satisfaction des usagers,
- Fréquence des pannes.

28. Sécurité dans un centre technique

- Formation,
- Contrôles périodiques,
- Mise à disposition EPI,
- Affichage consignes,
- Exercices d'évacuation.

30. Importance du Plan de Maintenance Préventive

- Réduction coûts imprévus,
- Augmentation durée de vie équipements,
- Sécurité renforcée,
- Gestion budgétaire optimisée.

31. Réaction face à une panne majeure

- Diagnostic rapide,
- Mise en sécurité,
- Communication aux usagers,
- Mobilisation ressources,
- Retour d'expérience.

32. Objectifs prioritaires logistique municipale

Disponibilité ressources, optimisation des stocks, réduction coûts, réactivité, traçabilité.

33. Méthodes pour gérer les approvisionnements

- Logiciels de gestion,
- Méthode ABC,
- Seuils d'alerte,
- Centralisation achats,
- Inventaires réguliers.

34. Avantages d'un logiciel GMAO

- Suivi interventions,
- Gestion coûts,

- Évaluation performances,
- Historique complet,
- Planification.

35. Prévention des risques liés à la maintenance

- Formation agents,
- Vérifications réglementaires,
- Protocoles de sécurité,
- Utilisation EPI,
- Audits internes.

36. Réduction des coûts de maintenance

- Priorité à la maintenance préventive,
- Optimisation contrats,
- Formation interne,
- Rationalisation équipements,
- Mutualisation.

37. Maintenance prédictive

- Capteurs et IoT,
- Analyse temps réel,
- Intervention avant panne,
- Réduction coûts.

38. Documents techniques indispensables

- Plans techniques,

- Carnets de maintenance,
- Procédures sécurité,
- Registre interventions,
- Notices techniques.

RESEAUX, VOIRIE ET INFRASTRUCTURE

1. Quelles précautions spécifiques prendre lors d'un chantier à proximité de réseaux enterrés ?

- Consulter obligatoirement les plans via le **Guichet Unique** (DT/DICT – R.554-20 C. env.).
- Effectuer un repérage précis avec marquage réglementaire au sol (NF P98-332).
- Creuser à la main dans les zones de proximité immédiate des réseaux sensibles (gaz, électricité, fibre optique).
- Former les équipes à la détection et à la prévention des endommagements de réseaux.

2. Quelle profondeur minimale réglementaire pour l'enfouissement d'une conduite d'eau potable ?

- Minimum **0,80 m** (NF EN 805) pour éviter le gel et les dégradations mécaniques,
- Jusqu'à **1,20 m** dans les zones à risque de gel important.

3. Que signifie l'acronyme DICT en VRD ?

- **Déclaration d'Intention de Commencement de Travaux**, obligatoire avant tout chantier à proximité de réseaux (R.554-27 C. env.).

4. Technique rapide pour réparer un nid-de-poule ?

- Utiliser un **enrobé à froid** pour une réparation provisoire rapide,
- Programmer une reprise à chaud pour pérenniser.

5. Fréquence minimale d'inspection des voiries communales

- Inspection visuelle régulière selon trafic (hebdo ou mensuelle),
- **Bilan annuel** documenté pour planifier les travaux.

6. Épaisseur recommandée pour un trottoir en enrobé piéton

- **4 à 6 cm** d'enrobé (NF P98-115),
- Adaptation en cas de circulation ponctuelle de véhicules légers.

7. Norme définissant la signalisation routière

- **Instruction interministérielle sur la signalisation routière** (24/11/1967, mise à jour 2024).

8. Couleur réglementaire pour places PMR

- **Bleu** au sol + pictogramme fauteuil roulant **blanc** (arrêté du 20/04/2017 – accessibilité).

9. Hauteur réglementaire des panneaux en urbain

- Bas du panneau à ≥ **2,30 m** au-dessus du trottoir (art. 8 – IISR).

10. Rôle du géotextile en terrassement

- Séparation, filtration, renforcement, drainage (NF EN 13252).

11. Matériaux de fondation avant enrobé

- Graves naturelles ou concassées 0/31,5 ou 0/20 compactées (NF P98-115).

12. Qu'est-ce qu'un bicouche ?

- Double projection d'émulsion de bitume + gravillons,
- Adapté à trafic modéré, entretien économique.

13. Largeur minimale trottoir PMR

- **1,40 m** libre de tout obstacle (arrêté du 20/04/2017).

14. Pente maximale rampe PMR

- Idéal **≤ 5 %**, tolérance **8 %** si longueur ≤ 2 m (même arrêté).

15. Obligation accessibilité traversées piétonnes

- Abaissé à **≤ 2 cm** + bandes podotactiles contrastées (arrêté du 15/01/2007).

16. Définition d'un bassin de rétention

- Ouvrage de stockage temporaire des eaux pluviales,
- Régule le débit de rejet pour limiter les inondations (Code env. L.2224-10).

17. Différence entre réseau séparatif / unitaire

- **Séparatif** : eaux usées / pluviales distinctes,
- **Unitaire** : un seul réseau mélangeant les deux.

18. Fréquence entretien avaloirs

- **1 fois/an** minimum, après chute des feuilles et fortes pluies.

19. Définition de grave bitume

- Granulats + bitume, couche de base ou liaison.

20. Intérêt de l'inspection caméra

- Diagnostic rapide et précis des réseaux enterrés,
- Localisation fuites / obstructions sans ouverture de tranchée.

21. Étapes principales d'un projet VRD

1. Étude préliminaire.
2. APS / APD.
3. DCE.
4. Appel d'offres et marché.
5. Travaux + suivi.

6. Réception et mise en service.
7. Entretien programmé.

22. Normes techniques des infrastructures communales

- Normes géométriques (largeur, courbes, visibilité),
- Sécurité routière (signalisation, marquage),
- Environnement (gestion eaux pluviales),
- Accessibilité PMR (arrêté du 20/04/2017),
- Normes NF/EN et DTU VRD.

23. Prévention des risques réseaux enterrés

- DT/DICT avant chantier,
- Détection précise (géoradar, électromagnétique),
- Marquage au sol normalisé,
- Formation sécurité réseau,
- EPI adaptés.

24. Critères de chaussée en bon état

- Pas de déformations majeures,
- Surface saine (pas de fissures ouvertes),
- Drainage fonctionnel,
- Revêtement adhérent,
- Marquage visible.

25. Revêtements pour voirie urbaine à fort trafic

- Enrobé bitumineux classique,
- Enrobé drainant,
- Enrobé module élevé (EME),

- Revêtement faible nuisance sonore.

26. Gestion des eaux pluviales urbaines

- Bassins de rétention,
- Réseaux séparatifs,
- Noues végétalisées,
- Pavés perméables,
- Contrôle drainage.

27. Maintenance courante voirie

- Rebouchage nids-de-poule,
- Curage fossés et regards,
- Réfection marquages,
- Remplacement signalisation,
- Entretien préventif revêtements.

28. Importance du SIG

- Localisation précise réseaux,
- Intervention rapide,
- Planification travaux,
- Suivi patrimonial.

29. Objectifs du plan mobilité urbaine

- Réduire congestion,
- Réduire pollution,
- Encourager mobilités douces,
- Accessibilité pour tous,
- Coordination modes de transport.

30. Amélioration du réseau de transport public

- Optimiser itinéraires / fréquences,
- Favoriser intermodalité,
- Améliorer infrastructures,
- Info en temps réel,
- Tarifs attractifs.

31. Définition d'une voie en site propre

- Voie réservée à certains transports (bus, tram) pour réduire retards et conflits de circulation.

32. Sécurisation des déplacements cyclistes

- Pistes séparées,
- Bandes sécurisées,
- Abri vélos sécurisés,
- Sas vélo aux feux,
- Feux spécifiques vélos.

33. Intégrer l'accessibilité aux transports publics

- Véhicules adaptés,
- Arrêts accessibles,
- Formation personnel,
- Info adaptée handicap sensoriel.

34. Indicateurs de qualité du transport urbain

- Ponctualité,
- Satisfaction usagers,
- Taux utilisation,
- Sécurité,
- Intermodalité réussie.

35. Infrastructures pour intermodalité

- Pôles multimodaux,
- Parkings relais,
- Espaces vélos sécurisés.

36. Analyse performance du réseau voirie

- Diagnostic,
- Comptage trafic,
- Évaluation niveau de service,
- Enquêtes usagers.

37. Outils numériques pour la gestion déplacements

- SIG,
- Applis temps réel,
- Capteurs connectés,
- Open data flux circulation.

38. Réduction de l' impact environnemental du transport

- Transports propres,
- Covoiturage,

- Réduction imperméabilisation,
- Matériaux écologiques.

39. Analyse pertinence d'un projet voirie

- Études préalables,
- Analyse environnementale,
- Évaluation besoins réels,
- Concertation publique.

40. Défis transports publics pour les années à venir

- Transition énergétique,
- Digitalisation info voyageurs,
- Adaptation nouvelles mobilités,
- Accessibilité universelle.

AMENAGEMENT URBAIN & DEVELOPPEMENT DURABLE

1. Fréquence minimale recommandée pour tondre une pelouse en espace public

- Printemps : toutes les **2 à 3 semaines**.
- Été : toutes les **3 à 4 semaines**, selon météo et fréquentation.
- Objectif : équilibre esthétique / biodiversité.

2. Définition de la "gestion différenciée" des espaces verts

- Entretien **adapté aux usages et à l'écologie locale**.
- Alternance entre zones entretenues intensivement et espaces naturels.
- Favorise la biodiversité et réduit les coûts.

3. Objectif principal du paillage des massifs plantés

- **Réduire l'arrosage**,
- Limiter les mauvaises herbes,
- Protéger les racines contre variations thermiques.

4. Période idéale pour une taille douce d'arbres d'ornement

- En **repos végétatif** (novembre à février),
- Hors périodes de gel pour éviter blessures aux arbres.

5. Précaution obligatoire avant élagage en milieu urbain

- **Balisage sécurisé** + information des riverains/usagers.
- Prévention des accidents et gênes.

6. Profondeur minimale recommandée pour planter un arbuste

- **40 à 60 cm** selon espèces,
- Apport de compost ou terreau adapté.

7. Date d'interdiction des produits phytosanitaires chimiques en espaces publics

- Depuis le **1er janvier 2017** (loi Labbé).
- Vise à protéger santé publique et environnement.

8. Alternatives écologiques au désherbage chimique

- **Thermique** (flamme, vapeur),
- **Mécanique** (binage, brossage),
- Couvre-sols végétaux.

9. EPI obligatoires lors d'utilisation exceptionnelle de phytosanitaires

- Combinaison, lunettes, gants étanches, masque respiratoire, bottes.

10. Pratiques favorisant la biodiversité en espaces verts communaux

- Gestion différenciée,
- Hôtels à insectes / nichoirs,

- Plantes locales et mellifères.

11. Intérêt de privilégier les plantes locales

- Adaptées au climat,
- Moins d'entretien et d'arrosage,
- Meilleur soutien de la faune locale.

12. Définition d'un corridor écologique

- Passage aménagé reliant zones naturelles,
- Permet déplacement et reproduction des espèces.

13. Moment optimal pour arroser les espaces verts

- **Matin tôt** ou **soirée** pour limiter évaporation.

14. Technique d'arrosage la plus économe en eau

- **Goutte-à-goutte**, économie jusqu'à 60 %,
- Eau directement aux racines.

15. Action limitant fortement les besoins en eau sur pelouse

- Hauteur de coupe **8-10 cm** → meilleure résistance à la sécheresse.

16. Premier réflexe en cas de maladie dans un massif communal

- Retirer parties atteintes,
- Évacuer déchets,

- Désinfecter outils immédiatement.

17. Cause principale des maladies cryptogamiques

- Excès d'humidité,
- Arrosage excessif,
- Mauvaise aération du massif.

18. Traitement préventif naturel efficace contre les champignons

- Purin d'ortie ou de prêle,
- Bicarbonate dilué.

19. Définition du BRF (Bois Raméal Fragmenté)

- Copeaux issus tailles arbustes,
- Paillage fertilisant naturel.

20. Distance minimale de plantation arbre / réseau souterrain

- **1,50 à 2 m** pour éviter dégâts racinaires.

21. Étapes clés de l' élaboration du PLU

1. Diagnostic territorial.
2. Projet d'Aménagement et Développement Durable (PADD).
3. Règlement et zonage.
4. Consultation et enquête publique.
5. Adoption par Conseil municipal/intercommunalité.

6. Approbation et mise en vigueur.

22. Documents obligatoires d'un PLU

- Rapport de présentation,
- PADD,
- Orientations d'Aménagement et de Programmation (OAP),
- Règlement écrit/graphique,
- Annexes techniques et administratives.

23. Rôle des OAP dans un PLU

- Orientations précises sur secteurs ciblés,
- Principes d'urbanisation et densité,
- Cohérence paysagère et urbaine.

24. Intégrer la dimension environnementale en urbanisme

- Préserver corridors écologiques,
- Limiter artificialisation des sols,
- Gestion durable eaux pluviales,
- Matériaux biosourcés,
- Favoriser mobilités douces.

25. Critères d'aménagement durable d'un quartier

- Mixité fonctionnelle,
- Accessibilité services,
- Haute performance énergétique,
- Espaces verts et gestion eaux,
- Sécurité mobilités douces.

26. Définition ZAC (Zone d'Aménagement Concerté)

- Opération d'aménagement sur secteur précis,
- Coordination interventions publiques et privées.

27. Densification urbaine : définition & avantages

- Optimiser espace bâti existant,
- Limiter étalement urbain,
- Réduire coûts d'infrastructures,
- Efficacité transports.

28. Outils réglementaires de contrôle du développement urbain

- PLU, SCOT, Carte communale, RNU.

29. Principes d'aménagement des espaces verts urbains

- Fonctionnalité,
- Respect biodiversité,
- Accessibilité universelle,
- Entretien durable,
- Cohérence esthétique.

30. Moyens de favoriser la biodiversité en ville

- Essences locales variées,
- Prairies fleuries,
- Nichoirs, refuges à insectes,

- Trames vertes,
- Entretien doux.

31. Étapes de projet d'aménagement paysager urbain

1. Diagnostic site.
2. Avant-projet.
3. Projet détaillé.
4. Consultation entreprises.
5. Travaux.
6. Entretien & suivi.

32. Gestion différenciée des espaces verts

- Adaptation entretien selon usage et nature des zones,
- Optimise ressources et préserve environnement.

33. Critères de choix des végétaux en aménagement urbain

- Résistance au climat urbain,
- Faible entretien,
- Intérêt esthétique et écologique,
- Sécurité sanitaire,
- Résistance maladies.

34. Méthodes pour limiter les risques phytosanitaires

- Paillage,
- Couvre-sols,
- Désherbage mécanique/thermique,
- Lutte biologique,
- Formation agents.

35. Utilité d'un SIG pour les espaces verts

- Localisation et inventaire précis,
- Planification entretien,
- Suivi patrimoine végétal,
- Aide à la décision.

36. Opérations d'entretien d'un espace vert urbain

- Taille,
- Arrosage raisonné,
- Tonte différenciée,
- Contrôle équipements,
- Gestion sanitaire arbres.

37. Intégrer les habitants dans la gestion des espaces verts

- Jardins partagés,
- Projets participatifs,
- Ateliers pédagogiques.

38. Intérêt écologique/paysager des toitures végétalisées

- Isolation thermique/acoustique,
- Biodiversité,
- Régulation thermique,
- Rétention eaux de pluie.

39. Gestion différenciée des pelouses urbaines

- Adapter fréquence tonte selon usage,
- Maintenir biodiversité,
- Réduire coûts entretien.

40. Réduction des îlots de chaleur par des espaces verts

- Plantation arbres,
- Zones ombragées,
- Façades/toitures végétalisées,
- Matériaux perméables.

41. Intérêt écologique des corridors verts

- Favoriser déplacement espèces,
- Maintenir biodiversité.

42. Sécurité sanitaire des espaces verts publics

- Contrôle arbres,
- Vérif installations,
- Formation sécurité agents.

43. Avantages des arbres en milieu urbain

- Purification air,
- Réduction bruit,
- Régulation température,
- Esthétique.

44. Entretien des plantes vivaces

- Nettoyage saisonnier,
- Divisions régulières,
- Taille et renouvellement.

PROPRETE URBAINE & GESTION DES DECHETS

1. Définition des déchets OM

- **OM** = Ordures Ménagères,
- Déchets quotidiens des ménages,
- Collecte régulière en porte-à-porte.

2. Fréquence minimale de collecte des OM en zone urbaine dense

- **1 à 2 fois/semaine** minimum,
- Selon densité population et besoins locaux.

3. Fonctionnement de collecte des encombrants

- Sur rendez-vous ou calendrier fixe,
- Dépôt en bordure de voie publique,
- Enlèvement par service communal.

4. Déchets compostables en commune

- Déchets verts : tontes, feuilles,
- Restes alimentaires : épluchures, fruits,
- Cartons fins biodégradables.

5. Intérêt de l'incinération des déchets

- Réduction rapide du volume,
- Valorisation énergétique : chaleur, électricité.

6. Signification de “ la valorisation des déchets”

- Récupération, recyclage, réutilisation,
- Compost, énergie, matières premières recyclées.

7. Définition de la méthanisation

- Dégradation anaérobie de déchets organiques,
- Production de biogaz (méthane),
- Utilisé pour chaleur, électricité ou carburant.

8. Déchets interdits dans les poubelles OM

- Piles, produits chimiques, médicaments, batteries,
- À déposer en déchèterie ou points spécifiques.

9. Fréquence minimale de nettoyage des rues principales (zone dense)

- **1 fois/jour** minimum,
- Secteurs à forte fréquentation.

10. Équipements de propreté urbaine

- Balayeuses mécaniques,
- Laveuses haute pression,
- Aspirateurs urbains, poubelles publiques, pinces à déchets.

11. Priorité face à un dépôt sauvage

- Retrait immédiat,

- Identification et sanction éventuelle,
- Sensibilisation des habitants.

12. Définition du point d'apport volontaire (PAV)

- Zone aménagée pour dépôt volontaire,
- Verre, papier, textiles, autres recyclables.

13. Fréquence de vidage des poubelles publiques du centre-ville

- **Idéalement 1 fois/jour** en zone fréquentée,
- Sinon plusieurs fois/semaine selon flux.

14. Sensibilisation efficace au tri

- Campagnes régulières,
- Supports pédagogiques, interventions scolaires,
- Communication claire sur bénéfices environnementaux.

15. Rôle d'un ambassadeur du tri

- Agent/bénévole formé,
- Accompagne et informe habitants sur tri sélectif.

16. Accessibilité PMR des conteneurs à déchets

- Hauteur adaptée,
- Ouverture facile,
- Cheminement dégagé et sol stabilisé.

17. Règles de propreté d'un marché communal

- Nettoyage rapide après marché,
- Collecte déchets, lavage sols et équipements.

18. Pression d'une laveuse haute pression sur la voirie

- **100 à 250 bars**,
- Selon salissures et surface.

19. Technique recommandée pour enlever graffitis

- Décapage haute pression eau chaude,
- Produit biodégradable recommandé.

20. Traitement des déchets amiante

- Collecte par entreprise agréée,
- Traitement en centre spécialisé.

21. Responsabilité élimination non conforme des déchets dangereux

- Employeur public (commune) responsable juridiquement.

22. Définition d'un ambassadeur du tri

- Agent dédié à la sensibilisation et au conseil pour le tri.

23. Utilité d'une déchèterie municipale

- Réception déchets hors collecte classique : gravats, végétaux, encombrants, déchets dangereux.

24. Différence entre encombrants / déchets verts

- Encombrants : objets volumineux (meubles, électroménager),
- Déchets verts : végétaux (tontes, branches).

25. Déchets valorisables énergétiquement

- OM incinérées ou méthanisées produisant énergie.

26. Conservation des documents de traçabilité des déchets dangereux

- **Minimum 5 ans.**

27. Document obligatoire pour le transport des déchets dangereux

- **Bordereau de Suivi des Déchets (BSD)**.

28. Définition ressourcerie

- Lieu de récupération, réparation et revente d'objets destinés aux encombrants.

MAINTENANCE DES VEHICULES & MATERIEL

1. Vérification mécanique essentielle régulière

- Niveaux : huile moteur, liquide de refroidissement, liquide de frein,
- Pression et état des pneumatiques,
- Bon fonctionnement des éclairages.

2. Fréquence de vidange huile utilitaire diesel

- Tous les **15 000 à 20 000 km**,
- Ou **1 fois/an**, selon constructeur.

3. Vérifications obligatoires avant utilisation d'un engin chantier

- Freins, feux de sécurité, niveaux d'huile,
- Dispositifs de sécurité opérationnels,
- Absence de fuites.

4. Différence entre maintenance préventive / curative

- **Préventive** : entretien régulier pour éviter panne,
- **Curative** : réparation après panne.

5. Intérêt d'un plan de maintenance préventive

- Sécurité,
- Prévenir pannes imprévues,
- Prolonger durée de vie des véhicules,

- Maîtrise des coûts.

6. Fréquence de contrôle technique d'un véhicule léger municipal

- 1er contrôle après **4 ans**,
- Puis tous les **2 ans**.

7. Responsabilité d'entretien réglementaire des véhicules

- Employeur public (maire, président collectivité),
- Délégation possible au responsable technique.

8. Outil informatique pour gérer les stocks pièces

- **GMAO** : Gestion de Maintenance Assistée par Ordinateur.

9. Procédure pour éviter les ruptures de stock

- Mettre en place un **seuil d'alerte** déclenchant commande automatique.

10. Importance de la gestion rigoureuse de l'outillage

- Prévenir pertes, vols, détériorations,
- Garantir disponibilité et sécurité.

11. Réflexe voyant rouge allumé au tableau de bord

- Arrêt immédiat dès que possible,
- Consulter manuel,

- Diagnostic ou remorquage.

12. Définition “valise diagnostic” automobile

- Outil électronique lisant codes défaut,
- Diagnostic rapide des pannes.

13. Fumée bleue anormale sortant de l’échappement

- Consommation excessive d’huile,
- Vérifier usure moteur, joints, segmentation.

14. Pièces détachées essentielles à avoir en en stock

- Filtres (huile, air, carburant),
- Batteries,
- Ampoules, fusibles.

15. Utilité carnet d’avoir un d’entretien véhicule

- Historique complet maintenance, réparations, contrôles.

16. Durée de conservation du carnet d’entretien

- Durée de vie du véhicule **+ 5 ans après cession**.

17. Usure irrégulière des pneumatiques avant

- Défaut de parallélisme,
- Pression incorrecte.

18. Précaution d' entretien d'un engin hydraulique

- Dépressuriser le circuit hydraulique avant intervention.

19. Déchets mécaniques dangereux

- Huiles usagées,
- Batteries,
- Liquide de frein, antigel.

20. Autorité de contrôle d'entretien & sécurité

- Inspection du travail,
- Contrôle technique,
- Préfecture (contrôles ponctuels).

21. Fréquence de vérification du matériel électroportatif

- Minimum **1 fois/an**,
- Ou après usage intensif.

INGENIERIE, INFORMATIQUE & SYSTEMES D'INFORMATION

1. Définition d'un système d'information (SI)

- Ensemble de ressources : logiciels, matériels, données, procédures, personnel,
- Permet de collecter, traiter, stocker et diffuser l'information pour les services publics.

2. Critères d'évaluation de la sécurité d'un SI

- Confidentialité des données,
- Disponibilité permanente,
- Intégrité + sauvegardes régulières,
- Gestion stricte des droits d'accès,
- Protection contre intrusions (antivirus, pare-feu).

3. Maintenance corrective et préventive

- **Corrective** : réparer après panne,
- **Préventive** : anticiper incidents (mises à jour, contrôles).

4. Enjeux de la dématérialisation

- Réduction papier et coûts,
- Gain de temps, procédures optimisées,
- Meilleur archivage et accès aux données,
- Moindre impact environnemental.

5. Assurer la sécurité informatique

- Sensibilisation agents,
- Mots de passe sécurisés,
- Mises à jour régulières,
- Sauvegardes fréquentes,
- Pare-feu, antivirus, formations sécurité.

6. Critères de qualité d'un réseau informatique

- Disponibilité,
- Rapidité et débit suffisant,
- Fiabilité/stabilité,
- Protection cyberattaques,
- Évolutivité.

7. Plan de Reprise d'Activité (PRA/PCA)

- Mesures techniques et organisationnelles pour rétablir rapidement le SI après incident majeur.

8. Outils de sauvegarde des données

- Sauvegarde locale (NAS, serveurs),
- Sauvegarde cloud sécurisé,
- Logiciels spécialisés programmés,
- Réplication en temps réel ou différé.

9. Éléments d'une infrastructure réseau

- Serveurs, postes utilisateurs,

- Routeurs, switchs, bornes Wi-Fi,
- Liaisons cuivre, fibre, sans-fil,
- Pare-feu et sécurité réseau,
- Logiciels de supervision.

10. Réseau VPN et intérêt

- Réseau privé virtuel sécurisant échanges,
- Accès distant sécurisé,
- Protection données sensibles,
- Communications inter-sites sécurisées.

11. Différence entre LAN / WAN

- **LAN** : réseau local limité (site, bâtiment),
- **WAN** : réseau étendu reliant plusieurs sites.

12. Sécurité physique d'un réseau

- Locaux sécurisés, contrôle d'accès,
- Onduleurs, alimentation secourue,
- Protection incendie/eau/chaleur,
- Vidéosurveillance salle serveurs.

13. Optimisation de performance du Wi-Fi

- Positionnement stratégique points d'accès,
- Gestion canaux,
- Contrôle des accès,
- Mises à jour régulières matériels/firmware.

14. Supervision de réseau

- Surveillance continue (Nagios, Zabbix),
- Détection incidents,
- Intervention proactive.

15. Système d'Information Géographique (SIG)

- Outil collectant, stockant, analysant et affichant données spatiales/géographiques pour décisions publiques.

16. Applications pratiques SIG

- Cadastre/foncier,
- Urbanisme/PLU,
- Gestion réseaux (eau, voirie),
- Aménagement urbain et environnement.

17. Types de données en SIG

- Données géographiques (vecteur/raster),
- Données attributaires,
- Orthophotos, plans cadastraux,
- Données topographiques.

18. Donnée géoréférencée

- Associée à une localisation précise (lat, long, altitude),
- Intégrable en cartographie SIG.

19. Techniques de levés topographiques

- GPS différentiel,

- Station totale,
- Photogrammétrie (drone, aérienne),
- LIDAR.

20. Intérêt d'un relevé topographique avant travaux VRD

- Connaissance précise terrain,
- Implantation optimisée,
- Réduction risques techniques.

21. SIG et gestion des interventions réseaux

- Localisation rapide incidents,
- Planification préventive,
- Coordination services,
- Gain de temps déplacements.

22. Cartographie participative

- Habitants contribuent aux données géographiques,
- Renforce implication citoyenne.

23. Logiciels SIG courants

- QGIS,
- ArcGIS,
- GeoConcept,
- MapInfo.

24. Avantages de la cartographie numérique

- Mises à jour rapides,
- Accès temps réel,
- Partage facilité,
- Analyses spatiales avancées.

25. Rôle du géoréférencement réseaux

- Facilite interventions,
- Limite accidents,
- Améliore gestion technique.

SERVICES ET INTERVENTION TECHNIQUES – GESTION DES EQUIPEMENTS & INTERVENTIONS D'URGENCE

1. Missions principales

- Interventions techniques d'urgence (pannes, incidents, sinistres),
- Entretien courant infrastructures (voirie, éclairage, bâtiments),
- Maintien opérationnel permanent des équipements,
- Gestion des équipes et optimisation des ressources,
- Sécurité des usagers et du personnel.

2. Priorisation en situation d'urgence

- Gravité et risques immédiats pour la sécurité,
- Impact sur services publics,
- Disponibilité moyens humains/matériels,
- Criticité de l'équipement concerné,
- Réduction des nuisances pour usagers.

3. Équipements indispensables

- Véhicules d'intervention rapide,
- Outils électroportatifs, groupes électrogènes, signalisation d'urgence,
- EPI (casques, harnais, protections auditives),
- Moyens de communication fiables,
- Éclairage autonome pour interventions nocturnes.

4. Bonnes pratiques de sécurité

- Balisage et délimitation de la zone,
- Utilisation systématique des EPI,
- Application stricte protocoles sécurité,
- Formation régulière prévention des risques,
- Chef d'équipe garant du respect procédures.

5. Plan d'intervention technique en cas de sinistre majeur

- Rôles et responsabilités définis,
- Identification ressources mobilisables,
- Modalités de déclenchement et alerte,
- Coordination avec autres services d'urgence,
- Suivi et retour d'expérience post-intervention.

6. Intérêt d'un logiciel GMAO

- Traçabilité interventions,
- Planification maintenance préventive,
- Suivi coûts interventions,
- Coordination équipes techniques,
- Analyse statistique pour anticiper pannes.

7. Optimisation des équipes techniques en urgence

- Astreinte technique 24/7,
- Formations régulières,
- Communication efficace,
- Procédures claires et applicables,
- Retours d'expérience systématiques.

8. Gestion efficace des équipements techniques

- Inventaire précis et à jour,
- Maintenance préventive et curative,
- Gestion stocks pièces critiques,
- Renouvellement anticipé matériel obsolète,
- Centralisation infos techniques.

9. Maintenance préventive

- Inspections périodiques,
- Programmation interventions régulières,
- Anticipation risques pannes majeures,
- Réduction coûts à moyen/long terme.

10. Gestion des interventions imprévues

- Équipe réactive et formée,
- Liste ressources disponibles à jour,
- Processus d'alerte organisé,
- Diagnostic et intervention rapide,
- Retours d'expérience pour éviter récidives.

11. Communication interne et externe

- Information rapide services concernés/élus,
- Prévenir usagers/population en temps réel,
- Coordination technique et sécurité civile,
- Image positive de maîtrise et réactivité.

12. Évaluation de l' efficacité du service intervention

- Temps de réaction,
- Durée résolution problèmes,
- Satisfaction usagers et élus,
- Qualité et fiabilité des réparations,
- Respect budget prévisionnel.

METIERS DU SPECTACLE & METIERS D'ART – GESTION TECHNIQUE, SECURITE, VALORISATION

1. Missions principales d'un technicien du spectacle vivant

- Installation, réglage et exploitation équipements techniques (éclairage, son, machinerie),
- Sécurité technique (normes électriques, incendie),
- Coordination avec artistes et équipes artistiques,
- Maintenance et conservation du matériel,
- Gestion des stocks techniques et consommables.

2. Sécurité lors du montage technique d'un spectacle

- Vérification des équipements électriques,
- Respect normes sécurité incendie,
- Installation sécurisée éléments suspendus,
- Formation régulière du personnel technique.

3. Critères d'un éclairage scénique réussi

- Adaptation à l'atmosphère artistique,
- Bonne visibilité artistes/décors,
- Équilibre des couleurs et intensités,
- Respect contraintes techniques,
- Fiabilité et sécurité installations.

4. Plan de feu (éclairage scénique)

- Document précisant emplacement, orientation, type de projecteurs,
- Indications sur couleurs, intensités et effets lumineux programmés.

5. Éléments indispensables d'une régie son

- Console de mixage performante,
- Micros adaptés voix/instruments,
- Diffusion sonore équilibrée,
- Matériel de traitement audio,
- Communication fiable avec équipes techniques.

6. Rôle du scénographe

- Conçoit espace scénique et décor,
- Définit ambiance visuelle globale,
- Assure cohérence avec vision artistique et contraintes techniques.

7. Filage technique

- Répétition complète dédiée aux réglages techniques (lumières, son, décors),
- Sans interruption artistique.

8. Maintenance préventive des équipements

- Vérifications périodiques planifiées,
- Entretien projecteurs, consoles, câblages,

- Mises à jour logicielles,
- Formation continue des équipes.

9. Avantages de l'éclairage LED

- Basse consommation,
- Large gamme de couleurs,
- Longue durée de vie,
- Faible chaleur dégagée.

10. Gestion d'un incident technique en spectacle

- Réactivité immédiate,
- Diagnostic rapide,
- Communication claire avec équipes artistiques,
- Mise en œuvre plan d'intervention prévu.

11. Rôle des collectivités dans la préservation des métiers d'art

- Soutien aux ateliers locaux,
- Promotion via événements,
- Formation et transmission savoir-faire,
- Labellisation d'artisans.

12. Définition d'un métier d'art

- Allie savoir-faire traditionnel et créativité,
- Production de pièces uniques ou petites séries,
- Domaines variés (céramique, ébénisterie, verrerie, restauration).

13. Valorisation des artisans d'art par une collectivité

- Organisation expositions/salons,
- Mise à disposition espaces de création,
- Parcours touristiques dédiés,
- Création marque territoriale.

14. Importance de préserver les métiers d'art

- Maintien patrimoine culturel,
- Attractivité économique et touristique,
- Transmission savoir-faire rares,
- Dynamisme culturel local.

15. Critères pour identifier un artisan d'art professionnel

- Maîtrise technique avérée,
- Production en pièces uniques ou petites séries,
- Respect techniques traditionnelles + innovation,
- Labels officiels (Maître Artisan d'Art, EPV).

16. Transmission des savoir-faire artisanaux

- Soutien à l'apprentissage,
- Ateliers partagés intergénérationnels,
- Stages et formations publiques.

17. Artisans d'art & tourisme local

- Renforce attractivité,
- Retombées économiques directes,

- Découverte culturelle pour visiteurs.

18. Entreprise du Patrimoine Vivant (EPV)

- Label pour savoir-faire d'excellence,
- Valorise innovation ou tradition,
- Contribue au rayonnement du patrimoine vivant français.

19. Usage du numérique pour valoriser l'artisanat d'art

- Sites vitrines et e-commerce,
- Réseaux sociaux,
- Visites virtuelles d'ateliers.

20. Installation durable d'artisans d'art par une collectivité

- Locaux/ateliers à loyers modérés,
- Subventions d'installation,
- Accès facilité aux marchés publics,
- Intégration dans politiques culturelles/économiques.

REUSSIR VOTRE ORAL DU CONCOURS D'AGENT DE MAITRISE TERRITORIAL

Introduction

Comme vous, j'ai déjà connu la tension des concours : des échecs parfois frustrants… mais aussi des réussites marquantes.

J'ai également eu l'opportunité de siéger dans plusieurs jurys d'oraux.

Ces expériences m'ont permis de comprendre ce qui fait réellement la différence entre un candidat moyen et un candidat qui marque positivement le jury.

La clé à retenir pour performer à l'oral :

- Un sportif qui prépare les Jeux Olympiques s'entraîne.
- Un candidat qui prépare un oral… révise.

Et c'est justement là l'erreur : beaucoup passent l'essentiel de leur temps à accumuler des connaissances théoriques, mais pas assez à s'exercer **en conditions réelles**.

Pour l'agent de maîtrise territorial, l'oral ne se limite pas à vérifier vos savoirs techniques : c'est **un dialogue vivant avec le jury**, qui évalue aussi votre posture, votre capacité d'analyse, votre gestion du stress et votre aptitude à vous adapter à des situations concrètes.

1. Bien préparer sa présentation

Ne pas réciter

Un texte appris par cœur sonne artificiel et risque de couper tout contact humain avec le jury.

Préparez un **plan clair** avec vos idées forces, mais laissez vos phrases se construire naturellement.

Le jury veut découvrir une personne authentique, capable de parler de son parcours et de ses motivations avec clarté et sincérité.

Être honnête

Votre parcours contient forcément des points forts… et des aspects plus fragiles.
Ne cherchez pas à masquer les difficultés : assumez-les en montrant ce que vous en avez appris.
Cela valorise votre sens de l'analyse et votre capacité à progresser.

Structure conseillée de votre introduction

1. **Phrase d'accroche**
   Exemple :
   "Aujourd'hui, je souhaite mettre mon expérience et mes compétences techniques au service de la collectivité en tant qu'agent de maîtrise territorial."
2. **Présentation synthétique du parcours**
   Exemple :
   "J'ai débuté comme ouvrier qualifié en espaces verts, puis évolué vers des fonctions de coordination d'équipe dans le service voirie de ma commune."
3. **Transition vers vos motivations**
   Exemple :
   "Ce parcours m'a permis de développer trois motivations principales que je souhaite partager avec vous."

Structure pour présenter vos motivations
Pour chacune, répondez à trois questions :

- Quel lien avec vos expériences professionnelles actuelles ?
- Quel lien avec vos formations ou apprentissages ?
- Quel lien avec vos valeurs personnelles ou votre vision du service public ?

Astuce : **trois motivations = trois paragraphes** pour un discours fluide et équilibré.

Conclusion de la présentation

- Évoquez brièvement des compétences extra-professionnelles utiles (ex. : encadrement sportif, bénévolat associatif, projets techniques personnels).
- Rappelez l'essentiel de vos motivations.
- Affirmez clairement votre envie de servir la collectivité.
- Remerciez le jury.

2. Gérer le stress et l'image

- Considérez le stress comme une énergie à canaliser plutôt qu'un obstacle.
- Portez une tenue **professionnelle, sobre, pratique**, adaptée à votre image et au poste (pas de signes religieux ou politiques).
- Maîtrisez votre langage corporel : posture droite, regard stable, gestes calmes.

3. L'entraînement proactif

L'oral exige de travailler simultanément :

- Votre présence et votre assurance.
- Votre intonation et votre clarté.
- Votre réactivité face aux questions.
- Votre gestion du stress.
- Votre capacité à traiter des mises en situation concrètes liées au terrain.

Méthode : organisez des **oraux blancs réguliers** avec des personnes variées pour diversifier les retours.
Objectif : au moins **10 oraux blancs** avant le jour J.

4. Planning d'entraînement sur 8 semaines

Semaine 1

- Écrire le premier plan de votre présentation.
- Vous filmer pour évaluer votre posture et votre rythme.
- Réviser les bases (missions de la FPT, compétences techniques de votre spécialité).

Semaines 2 à 7

- 2 oraux blancs/semaine (dont 1 avec un mentor ou collègue expérimenté).
- Noter toutes les questions rencontrées.
- Suivre l'actualité des collectivités (sécurité, gestion de crise, transition écologique, accessibilité...).
- Améliorer progressivement votre discours.

Semaine 8

- Dernier oral blanc avec un simulateur exigeant.
- Révision complète des questions/réponses.
- Préparation mentale et exercices de respiration.

5. Répondre aux mises en situation

Utilisez **STAR+R** :

- **S**ituation : le contexte précis.
- **T**âche : votre rôle.
- **A**ction : vos interventions concrètes.
- **R**ésultat : l'issue.
- **R**éflexion : ce que vous avez appris.

6. Outils de raisonnement utiles

- **QQOQCCP** : Quoi, Qui, Où, Quand, Comment, Combien, Pourquoi.
- **SPRI** : Situation, Problème, Résolution, Informations.
- **Roue de Deming** : Plan, Do, Check, Act.
- **RAR** : Règlementation, Analyse, Réponse.

(Chaque outil peut être illustré par des exemples adaptés aux métiers de l'agent de maîtrise, par ex. : panne sur un réseau d'eau, sécurité d'un chantier, maintenance d'un équipement sportif.)

7. Exemples de mises en situation adaptées à l'agent de maîtrise

Situation 1 : Panne sur le réseau d'eau d'un gymnase

- **S** : Une fuite importante empêche l'utilisation des douches avant un événement sportif.
- **T** : En tant qu'agent de maîtrise, coordonner l'intervention rapide.
- **A** : Diagnostic, appel du prestataire agréé, communication avec les organisateurs.

- **R** : Réparation avant l'ouverture, évènement maintenu.
- **R** : Mise en place d'un suivi préventif des installations.

Situation 2 : Sécurisation d'un chantier en centre-ville

- **S** : Travaux de voirie en zone piétonne, forte affluence.
- **T** : Garantir la sécurité du chantier et la continuité d'accès aux commerces.
- **A** : Mise en place de barriérage, panneaux, coordination avec la police municipale.
- **R** : Aucun accident, chantier livré dans les délais.
- **R** : Création d'une fiche type de sécurisation pour chantiers en zones sensibles.

Situation 3 : Incident lors d'une manifestation publique

- **S** : Un problème électrique survient pendant une cérémonie officielle.
- **T** : Assurer la continuité et la sécurité.
- **A** : Basculement sur groupe électrogène, vérification du matériel.
- **R** : Manifestation poursuivie sans interruption majeure.
- **R** : Ajout d'un contrôle technique complet avant chaque événement.

Situation 4 : Dégâts après un orage

- **S** : Plusieurs arbres tombés bloquent un accès pompier.
- **T** : Libérer l'accès en urgence.
- **A** : Mobilisation équipes espaces verts, coordination avec pompiers.
- **R** : Axe rouvert en moins de 2h.

- **R** : Plan de coupe préventive des arbres fragiles.

Situation 5 : Réorganisation d'une équipe technique

- **S** : Sous-effectif temporaire suite à des congés maladie.
- **T** : Réorganiser les tâches pour maintenir le service.
- **A** : Priorisation des interventions, polyvalence des agents.
- **R** : Continuité de service assurée.
- **R** : Proposition d'un tableau de polyvalence permanent.

CONCLUSION

Réussir l'oral d'agent de maîtrise territorial, c'est :

- Relier votre parcours aux besoins concrets de la collectivité.
- Adopter une posture professionnelle et constructive.
- Montrer que vous êtes capable de réagir efficacement aux imprévus du terrain.

Votre préparation doit être régulière, ciblée et orientée **pratique**.

Plus vous vous entraînerez dans des conditions proches du réel, plus vous serez à l'aise le jour J.